サラリーマンの僕が見つけた
5年で2000万円を稼ぐ方法

サ《さ》高《こう》住《じゅう》投資の教科書

高井 新
Arata Takai

大和出版

※本書に掲載した情報にもとづいて何らかの損害等が生じた場合、著者および出版社は一切の責任を負いません。また、本書は2019年8月現在の情報をもとに作成しており、ご利用時には変更になっている場合がございます。あらかじめご了承ください。

はじめに

自動的に豊かになっていく〝しくみ〟それが「サ高住《こうじゅう》」投資

老後資金が不足することが明言され、話題になったことは記憶に新しいと思います。ずっと言われて続けてきたことではありましたが、改められると不安になってしまう人も多いのかもしれません。

老後資金に２０００万円を貯めることは、比較的容易だと感じる方、どうすればいいのか検討もつかない方、さまざまいらっしゃると思います。

本書を手にとってくださった皆さんは、どうでしょうか？

たとえば、サラリーマンの収入はある程度先が見えていますよね。

この先どのくらいの出世が見込めるのか、会社の業績や業界の今後の見通しはどうなのかなど、考えてみれば自身の収入の天井がどのあたりかが、ある程度わかるはずです。

つまり今の延長線上のサラリーマンを続けていけば、今皆さんから見えている未来の風景は、そう大きく変わることはありません。

一気にお金を失うことはあるかもしれませんが、一気に豊かになることはないのです。

そして私も皆さんと同じように〝サラリーマン〟という立場です。

でも今は、サラリーマンであるからこそ、自動的に豊かになっていく〝しくみ〟を見つけ、手にすることができました。

その**〝しくみ〟が、本書で紹介する「サ高住」投資**なのです。

不動産投資は、2020年の東京オリンピックの開催が決まり、第二次安倍内閣が発足して「アベノミクス」を打ち出したころから注目を集めるようになりました。

しかし金融機関がどんどん融資を行い、不動産投資のすそ野が広がった頃、投資用物件「かぼちゃの馬車」で知られるスマートデイズが破産。

700人以上の投資家が損害を受け、被害総額が1000億円を超えるとも言われるこの事件によって、不動産投資を取り巻く状況は一変しました。

今、金融機関が以前のようにお金を貸してくれなくなり、「不動産投資を始めるのが難しくなった」と耳にする人、実感している人は多いでしょう。

一方「サ高住」投資は、不動産投資のメリットである融資を活用しながら、デメリットの空室リスクは低く抑えることができる。

そんな、夢のような新しい投資案件です。

しかもその方法は、**頭金ゼロ**、家族構成などにもよりますが**年収300〜400万円くらいから可能**で、投資属性に関係なく始められる画期的なものなのです。

私は3年前にこの方法を知り、2棟の「サ高住」を、建設費用の全額の融資を受けて新築しました。

今、借入金の返済やその他諸経費を除いた**年間の手残り額は、1000万円を超えます。**

国の政策として、高齢者向け住宅の設置が求められているため、まだまだ必要とされている。それが「サービス付き高齢者向け住宅」なのです。

そんな画期的投資法である「サ高住」投資について、私の体験をベースにできる限り詳しくお話ししたいと思います。

まず序章では、今後の日本の経済状況について、
第1章では、「サ高住」投資のメリットについて、
第2章では、「サ高住」投資の実践ステップについて、
第3章では、投資収入を得たあとの節税対策について、
第4章では、「サ高住」投資に取り組んでいる方の実例についてご紹介しています。

既に不動産投資などを行っている経験者の方は第1章から、投資自体が初めてとい

う方は序章から順にお読みいただくことをお勧めします。
最後まで楽しんで読んでいただけるとうれしいです。

高井　新

はじめに　自動的に豊かになっていく〝しくみ〟それが「サ高住」投資

序章

老後不安を解決する低リスク投資

サラリーマンの老後はどうなるのか？……14
〝今の延長線〟では解決できない……18
不動産投資のメリット……24

第1章 限られた人だけが知る「サ高住」投資とは？

「サ高住」投資を選ぶべき3つの理由……30
たった数年で2000万円の収益になる「サ高住」投資……36
「サ高住」とはなにか？……45
「サ高住」投資の採算ライン……51
「サ高住」投資のリスクとはなにか？……60
「サ高住」投資のメリットとはなにか？……62
不動産投資の動向……70
不動産投資における衝撃事件……75
ワンルームマンション投資の実際……81

第2章

「サ高住」投資の実践ステップ

「サ高住」投資のステップ …… 90
Step 1 土地を見つける 1カ月目 …… 92
Step 2 事業計画を策定する（施工会社選びとワンセット） 2カ月目 …… 101
Step 3 運営会社を決定する 3カ月目 …… 105
Step 4 融資の打診をする 3カ月目 …… 107
Step 4.5 法人設立の手続きをする 3〜4カ月目 …… 111
Step 5 融資申し込みをする 4カ月目 …… 113
Step 6 設計契約をする 5カ月目 …… 115
Step 7 「サ高住」の登録をする 8〜9カ月目 …… 116
Step 8 補助金の申請をする 9〜10カ月目半ば …… 117
Step 9 工事請負契約を締結する 10カ月目半ば …… 120
Step 10 着工 11カ月目 …… 122
Step 11 竣工引渡し 17カ月目 …… 123

Step 12 オープン 19ヵ月目 …… 124
JPMCを入れる多くのメリット …… 125
自分でやるのか、依頼するのか …… 138
JPMCを使った「サ高住」投資のステップ …… 142
JPMC以外の選択肢を検討する …… 145
「サ高住」経営に必要なコストと手続き …… 152
「サ高住」投資の出口戦略 …… 155

第3章 プライベートカンパニーで節税対策

法人化のメリットと経営スタイル …… 164
プライベートカンパニーを作る …… 169

第4章 さまざまな「サ高住」投資事例

事例❶ Sさん／医療事務（48歳）……178
事例❷ Kさん／不動産賃貸業（38歳）……180
事例❸ Iさん／会社員（47歳）……182
事例❹ Kさん／会社経営（36歳）……184
事例❺ Tさん／会社員（37歳）……186
事例❻ Yさん／会社員（37歳）……188

おわりに　失敗を回避し、より正確な投資判断を行うために

資料提供：株式会社ネイブレイン　成松　英次
編集協力：堀　容優子（ライターズオフィスY）
図表制作：小松　学（ZUGA）

序章

老後不安を解決する
低リスク投資

サラリーマンの老後はどうなるのか？

現役世代の将来はどうなるのか？

令和に入って間もない6月3日、金融庁がこのような主旨の発表を行いました。

「公的年金だけでは老後資金が不足するため、30年間で約２０００万円の金融資産が必要になる」

この発表が大きな波紋を呼んだことは、みなさんよくご存じのことでしょう。

なぜ年金だけでは生活が難しいのでしょうか。その理由はズバリ、「日本は少子高齢化が急激な勢いで進んだから」です。

年金は、「保険料を積み立て、退職後に受け取るもの」ではありません。現役世代が収めた年金保険料を、老齢世代に支給する世代間扶養（賦課方式ともいう）の仕組みになっています。

これによって、年金原資となる保険料を支払う人の数が少なくなり、年金を受給する人の数が多くなります。

終身雇用と退職金制度の崩壊

もう1つ、私たちの老後生活を脅かす懸念材料があります。

それが終身雇用と退職金制度の崩壊です。

これまでの日本社会では終身雇用が基本で、サラリーマンは会社によって守られていました。

会社の規定にもよりますが、一般的には退職時に一千万単位の退職金をもらうことができ、それをリタイア後の生活資金に充てることができたのです。サラリーマンにとってはありがたい制度でした。

しかし、2019年4月、経団連の中西宏明会長が「経済界は終身雇用について、もう守れないと思っている」と発言。それに追い打ちをかけるようにトヨタ自動車の豊田章夫社長が「終身雇用を守るのは難しい」と発言しました。

また、退職金制度は大きなコストとなるため、設けることができない企業、退職金をやめる企業が増加傾向にあります。

退職金は賃金（給料）と異なり、労働基準法上、支払いが義務となっているものではないからです。

年金はあてにできない、退職金制度も縮小傾向。

これが意味するものは**「自分の老後は自分で面倒をみるようにしなければならない」**ということです。

不足分をどうするか①
預貯金

ではその不足分をどう作ればいいのでしょうか。まず、思いつくのが預貯金でしょう。

しかしご存知のように、日本は空前の低金利時代が続いています。

昔のように金利が7％もつくような時代であれば、預貯金に励むことに大きな意味がありました。

ところが現在の定期預金金利（０・０１％）だと、**預貯金ではまったく増やすことができません。**

不足分をどうするか②

個人年金保険

個人年金保険も安心感につられてつい加入しがちな商品です。しかしこちらも根本的な解決にはなりません。

個人年金保険は自分で積み立てたお金を分割して受け取る、貯蓄商品の一種です。加入時に予定利率が示されており、その利率が「銀行預金よりはずっといい」ということから加入する人がいます。

しかし、予定利率と実質利回りは異なるため、**予定利率で計算した金額が受け取れるとは限りません。**

その点で、流動性のある預貯金よりも「使えない」金融商品であることに留意しましょう。

〝今の延長線〟では解決できない

「資本家側に回る」という発想が必要

預貯金や個人年金保険で老後資金を作ることは、手法として間違いではありません。

もし今の日本の金利水準が高ければ、元本が保証されている金融商品での運用は大正解なのです。

しかし、今は預貯金や個人年金保険には、まったく向いていない時代なのです。


では、今私たちがすべきことは、何でしょうか？

それは、**自身が「資本家の側に回る」**ことです。


フランスの経済学者であるトマ・ピケティは、著書『21世紀の資本』で、**「r＞g」**

を唱えました。

r＝資本収益率、g＝経済成長率を表し、**「r（資本収益率）がg（経済成長率）を上回ると貧富の差が広がり、格差社会になる」**というのが彼の主張です。

資本収益率というのは株式、不動産、人にお金を貸して得られる利益（債権）による利益率のこと。**経済成長率というのは、国民総生産や国民所得の年間の増加率**のことですが、ざっくり**「給与の伸び」**と考えていただくといいでしょう。

つまり、不動産や株式などの資産を持っている人の方が、働いて給与所得を得る（だけの）人よりも裕福になるということです。

ピケティの検証によると、歴史的に見て資本収益率がおよそ4～5％で推移してきたのに比べ、経済成長率は長期的に見て1～1・6％程度。

不動産や株による利益というのは、「お金がお金を生むことによって得られる利益」ですから、言葉を換えれば、**お金がお金を生むスピードの方が、労働によって得られる給与の伸びよりも速く**なります。

要するに人に雇われて賃金労働をしているだけでは、いつまでも豊かにはなれないということです。

起業するもあえなく挫折

ではどうすれば立場を変えることができるでしょうか。

起業、株式投資、不動産経営など、いくつかの方法が考えられます。

私は現在サラリーマンとして勤務しながら不動産経営をしていますが、不動産投資を始める前に、飲食店経営をしていたことがあります。

まだピケティのことも知りませんでしたが、本業が小売業で赴任先の香港・上海でもそれなりの結果を出せたので、自分には従業員を雇い、店舗を経営するノウハウがあると思っていました。

そこで上海に赴任していたときに、クレープ屋とラーメン屋を開業しました。

会社員としての仕事がありますから、昼の時間帯のお店の運営は、現地で採用した人に任せ、夕方以降は経営者として、また人件費を節約するため、私自身が店に立ちました。

しかし、ラーメン屋もクレープ屋も、人のオペレーションや薄利多売モデルなど、リスクとリターンのバランスの問題で、２年ほどで撤退する羽目になりました。

結局、私がしていたのは、経営者とは名ばかりでコンビニにアルバイトに行くのとかわりがなかったのです。

経営側に回るというのは、本来、「仕組み化によって利益を得る」ことのはずです。それなのに店舗経営では、あまりに運営に時間と労力が割かれすぎてしまう。

この経験から、**自分が多くの手を下さなくてもお金を生んでくれる仕組みを作る**ことが必要なのだと思うようになりました。

株式投資は得策か？

不動産投資となると千万単位の資金調達が必要になりますが、株ならもっと少ない資金で始めることができます。

しかしどうも私の目には、今後の日本の株式市場について楽観はできないように思われてなりません。それというのも、**日本企業の相対的な力が弱まってきている**と感じるからです。

平成元年と同30年の世界時価総額ランキングを比べてみると、そのことがよくわかります。

平成元年に時価総額トップ10に7社も入っていた日本企業が、同30年には1社も入っていませんでした。しかも時価総額自体が、この30年で非常に大きくなっており、平成元年1位のＮＴＴですら同30年の10位にも及びません。

日本が長引く不況とデフレスパイラルで疲弊しているうちに、海外ではＩＴ関連企業がめきめきと力をつけていたのです。日本はＩＴの波に乗り遅れたことが致命傷となったと言えるでしょう。

そんな日本の株に投資することが、果たして得策と言えるでしょうか？

かつての「技術力の高さ」に相当するような日本企業にとっての「伝家の宝刀」はもはや存在しません。

株式投資をするとしたら、日本株よりも米国株にすべきでしょう。

米国株の投資指標であるＮＹダウは、一貫して上昇を続けています。日本株よりもはるかにパワーを持っていることは間違いありません。

しかし、米国株に投資する勇気を持つことができるかどうか……、それが問題です。

株価は予想外の要因によって変動しやすいものです。何らかの要因で値下がりしたり、場合によっては紙くず同然になったりすることもあります。

大事な老後のお金を託すには、自分が住んでもいない国の株式というのは、あまりにもリスキーなのではないでしょうか。

不動産投資のメリット

不動産投資の4つのメリット

　ではは不動産投資はどうでしょうか。

　私には長い時間をかけて資産形成をするには、不動産投資が最もふさわしいように思えてなりません。

　その理由の1つが、**不動産投資はミドルリスク・ミドルリターンの投資手法**であるということです。

　不動産投資は他の投資と比べて値動きが比較的緩やかです。また**「不動産」という現物があるため価値がゼロになるリスクが極めて低くなります。**

　資産価値がゼロになる可能性のある株に比べると、安全性が高い投資手法ということができるでしょう。

その他のメリットとしては、次の４点があります。

①少ない自己資金でローンを組むことができ「レバレッジ効果」が期待できる
②毎月の定収入が確保でき、年金代わりになる
③インフレに強い
④遺族補償代わりになる

では、これを1つずつ詳しく見ていきましょう。

①少ない自己資金でローンを組むことができ「レバレッジ効果」が期待できる

たとえば株式投資の場合、「投資をしたいからお金を貸してください」と言っても、貸してもらうことはできません。

ところが不動産投資の場合、ローンを組んで行うことができます。つまり**少ない自**

己資金で大きな物件を購入することができるのです。これを**「レバレッジ効果」**と言います。

レバレッジとは「テコ」のこと。

少ない自己資金で多額の取引ができる不動産投資は、小さな力で大きなものを動かせるテコになぞらえて、このように言われます。

②毎月の定収入が確保でき、年金代わりになる

「安定した入居がつくようになれば」という条件付きではありますが、不動産投資には毎月、一定の収入源を確保できるというメリットがあります。

サラリーマンにとっていくらかでも給与以外の収入があるというのは経済的にたいへん心強いものです。

また、定年退職した時点で投資物件のローンが完済していれば、家賃収入から固定資産税や修繕費積立金、委託管理料などを除いた部分が全額収益となります。

それが毎月入ってくるので、**年金の不足分をカバーするのに役立ちます。**

③インフレに強い

2019年現在、日本の金融政策ではインフレ率目標が2%とされています。インフレになると現金の価値が目減りしてしまうため、**財産を預貯金で持っていると価値が下がるリスクがあります。**

その点、不動産投資で得られる賃料や物件の価格は**インフレに連動するため、価値が下がるリスクがありません。**インフレリスクから資産を守ることができるのも、不動産投資のメリットと言えます。

④遺族補償代わりになる

よく「投資物件は生命保険の代わりになる」と言われます。

投資物件をローンで購入するとき団体信用生命保険に加入すると、返済期間中に本人が亡くなったときや重篤な病気になった際、**保険金が下りてローンの返済義務がなくなる**ためです。

さらに遺族に不動産の形で資産を遺すことができ、毎月の家賃収入をもたらすこともできるため、単に生命保険代わりになるだけでなく、**広い意味での「遺族補償」になる**と言えるのではないでしょうか。

これも他にはない不動産投資のメリットです。

いかがでしょうか。老後不安に対処するには不動産投資が有益であるということが、ご理解いただけたでしょうか。

続く第1章では現状の不動産投資の状況について、お話をしていきたいと思います。

第1章

限られた人だけが知る「サ高住」投資とは？

「サ高住」投資を選ぶべき3つの理由

投資環境が冷え込む中での唯一の選択肢とは？

投資物件に対する金融引き締めにより、**スケールメリットが期待できるような大型物件への融資条件が厳しくなりました。**そして、**不動産投資の実績のない人に対しては、頭金として物件価格の３割の自己資金が求められる**ようになっています。

かといって手の届く価格のワンルームマンション投資に期待は持てません（詳細は後ほど解説します）。

こんな時代にあってどんな収益物件に投資するのが正解なのか……。

それに対する答えが、本書でお伝えする**「サ高住＝サービス付き高齢者向け住宅」**です。

「サ高住」とは何ぞや？　とは、後ほど詳しくご説明するとして、まず「どうしてサ高住が唯一の選択肢なのか」ということについてお話しさせてください。

まず、「サ高住」投資をお勧めする理由は主に、

①建設資金の全額が融資で賄える
②貸付金利が固定・低金利である
③融資が受けやすい

の3つに大別できます（図01）。

①建設資金の全額が融資で賄える

サービス付き高齢者向け住宅（＝「サ高住」）の建設は、国主導で推し進められている「国策」のようなもの。平成31年度の場合、275億円の予算を組んで行っている事業です。つまり**国としてはサ高住を増やしたくて仕方ない**わけです。

そこで個人投資家が建設資金の全額を住宅金融支援機構（旧・住宅金融公庫）から融資を受けられるようにして、なおかつ建築費の1割を国が補助することで各地にサ高住を建設できるような仕組みを作りました。

全額が融資されるため、自己資金の少ない人でも不動産投資を始めることができます。

②貸付金利が固定・低金利である

金利タイプは35年固定金利、または15年固定金利となっています。2019年9月の参考金利は、35年固定が1・66％、15年固定が1・15％。

通常、民間の金融機関で収益物件のローンを固定金利で組もうとしても、最長で10年ものしかありません。そのため今後、インフレになると金利が上昇していくリスクがあります。

住宅金融支援機構の「サ高住」のためのローンは、全期間固定金利で金利上昇リスクがないというのは、大きなメリットと言えるでしょう。

図01｜「サ高住」投資のポイント

「サ高住」投資という新たな選択肢

■「サ高住」投資の特徴

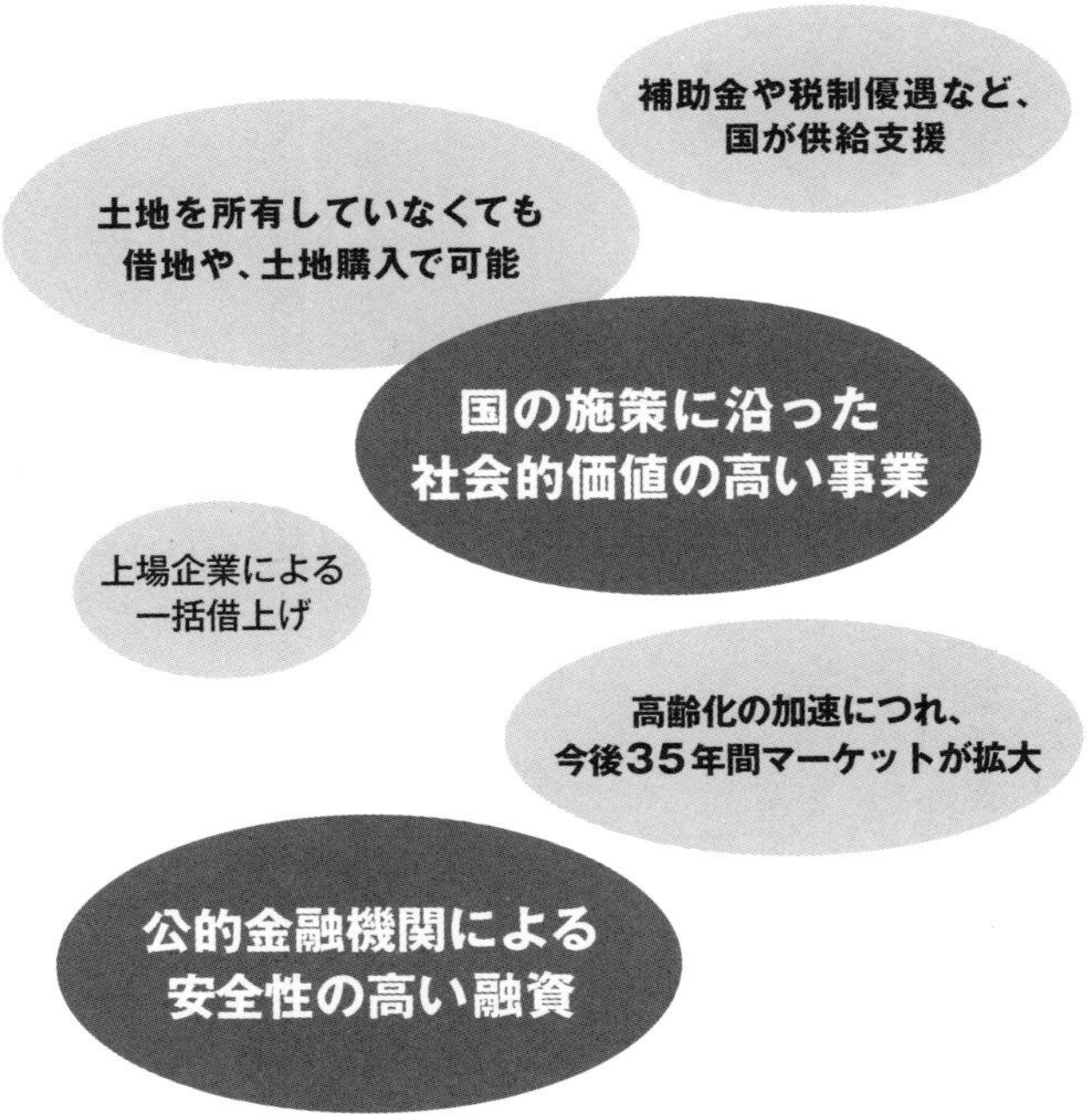

③融資が受けやすい

この融資を受けられる人の条件として、住宅金融支援機構は、

- **安定した収入があること**
- **事業を経営している場合は、事業が安定かつ良好なこと**
- **負債がある場合は、負債に延滞がないこと**

などを条件としています。

「年収が○○万円以上であること」などといった条件はありません。

私がお世話になっている施工会社の話では、現在、20代で妻と子供が一人いる年収400万円の投資家さんが、機構の融資審査を受けている最中だそうです。

もろもろの話を総合的に勘案するに、**サラリーマンで単身者の場合は年収300万円、配偶者が加わると50万円がプラスされて350万円、子供一人につきさらに50万円がプラス**されたあたりが、**「安定した収入」**と見なされるボーダーラインになっている

ようです。

サラリーマンの場合、所得証明として提出する書類は前年の源泉徴収票だけでOKですが、自営業者の場合は過去3年間の決算書の提出を義務付けています。

これは私の予測ですが、機構側に**〝「サ高住」投資による収益をあてにしないで生計が成り立つ人〟**に投資して欲しいという意向があるように見受けられます。

サラリーマンならば毎月、安定した収入があるので安心できるという見方をしているのでしょう。

また、預貯金が多いに越したことはありませんが、何千万円も金融資産は必要ありません。堅実な事業計画を示すことができ、安定した収入があることが最優先されます。

たった数年で2000万円の収益になる「サ高住」投資

「サ高住」を始めるキッカケ

私が「サ高住」投資を知ったのは、今から3年前のことです。

序章でお話ししたように、私は事業を興してみたいという気持ちが強く、サラリーマンとして会社に勤めながら飲食店経営を始めました。

しかし期待したほど利益が出ず、体は疲弊していく一方であえなく廃業。この経験から、自分が身を粉にして働かなくても収益が上げられるものとして、不動産投資が最適だという確信を深めました。

幸いなことにわが家には、祖母が始めた銭湯の跡地がありました。長年、駐車場として貸していたその土地を有効活用しようと、不動産についての勉強を始め、ついに最初の収益物件となるファミリー向け賃貸マンションを建てました。これが２０１３年のことです。

名古屋駅徒歩圏という立地のよさと土地購入コストがかからなかったことから、14％の利回りを上げることができました。

その収益を元に、次は東京都渋谷区に自宅兼ワンルームアパートの賃貸併用住宅を建て、太陽光発電も始めるなど、収益物件を増やしていきました。

これらの経験から言えるのは、不動産投資は最初の物件への投資が成功すれば、どんどん増やしていけるということです。

「それはお前に土地があったからだろう」と思われるかもしれません。確かにそれはあります。

しかし、**土地を持たない人でもプランさえしっかりしていれば、最初の年から安全確実に大きな収益が得られるのが、「サ高住」投資**なのです。

「年間500万円を超える収益が得られている」という事実

図02は「サ高住」投資の一般的な収益モデルです。

まず、図の左側を見てください。総事業費が2億3400万円です（建物の屋根を利用して太陽光発電を行うことを想定しているため、太陽光発電のシステム工事費も含まれています）。

この**全額を住宅金融支援機構からの借入金でまかなうことができます。**

一見しただけだと、「借入金が2億円超というのはあまりに大きすぎて怖い」と感じられるかもしれませんが、これについてはまた後ほどお話ししましょう。

まずはこういう事業だと思っていただければ幸いです。

さて、この事業の収支を見ていきましょう。図の右側になります。

「保証賃料」とあるのは、この物件が家賃保証を行う機関に管理を委託（サブリース）しているためです。その保証賃料（家賃）が満室時の80％で年額1411・2万円。

図02｜「サ高住」投資の収益モデル

「サ高住」経営の事業収支

■ 投資家が借地で「サ高住」経営を行う場合

建築費　単位：千円

建築本体工事	175,000
付帯工事（給排水、外構、地盤改良）	19,000
太陽光発電システム工事	11,000
設計監理費	5,000
小　計	210,000
消費税（10%）	21,000
合　計	231,000

補助金

補助金（スマートウェルネス住宅など推進事業）	**-17,000**

諸経費

各種登記、火災保険、水道分担金 等	10,000

総事業費　234,000,000円

収入　※満室稼働時

保証賃料	14,112
収益分配金	1,764
太陽光売電収入	1,200
収入計	**17,076／年**

支出

借入金返済	8,808
租税公課	700
SSL手数料	500
修繕積立金	500
地代	1,440
支出計	**11,948／年**

収支（年間）
5,128,000円

「収益分配金」というのは、保証料を上回る家賃収入があった場合の分配金のことです。保証料を上回った分をオーナーとサブリース機関で分ける取り決めをあらかじめしておき、それに沿って分配します。この例の場合、オーナーに支払われた分配金が年額176・4万円ということになります。

さらに、太陽光発電の売電収入が年額120万円で、収入の合計は年間で約1707・6万円となります。

次に支出です。

借入金の返済額が年間880・8万円で、税金が70万円、SSL手数料（サブリース機関に支払う手数料）50万円、修繕積立金が50万円、借地料が144万円で、合計1194・8万円。

では収入（1707・6万円）から支出（1194・8万円）を引いてみましょう。

1707・6万円－1194・8万円＝512・8万円

正面外観

このように最後に残った利益を、不動産の世界では「手残り」と呼びます。

つまり一般的な「サ高住」投資では、**土地も自己資金も必要とせず、サラリーマンであるというだけで2・3億円もの借入を低金利で行うことができ、年間513万円もの収益が得られる**ということです。

512・8万円と言えば、日本のサラリーマンの平均年収を超える金額です。

借入金は、確かに一般のサラリーマンにとって、ハードルが高く感じられます。

しかし、確実に返せるあてのある借入ならば、恐れるには当たらないのではないでしょうか。

老後までの残り年数で、最低でも2000万円を用意しなければならない（本当に2000万円で足りるのか、私としては疑問なところがありますが）。

そう考えると、もし多少収益が下がる可能性を踏まえて考えてみても、**4～5年で2000万円が稼げる**ことになります。

またその先に、その収益を自己資金として、新たに2棟目、3棟目と収益物件を増

建物外観

入口玄関

食堂

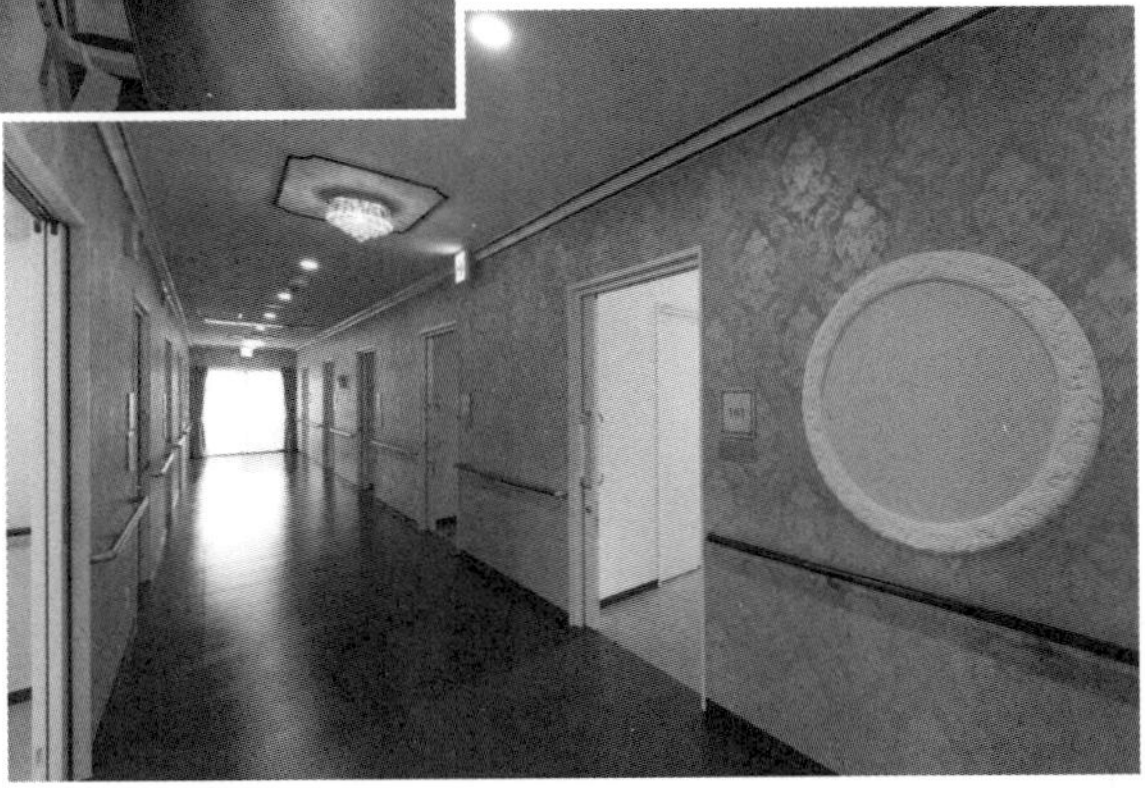

2階廊下

やしていくこともできるのです。

「サ高住」を2棟所有すれば、年間の手残りは512・8万円×2棟分＝1025・6万円、3棟所有すれば512・8万円×3棟分＝1538・4万円となります。

実は今、私も3棟目の「サ高住」の建設にとりかかろうとしているところです。それが可能になったのは、「サ高住」投資というスキームを知り、実践したからに他ならないのです。

「2・3億円の借入に対して、決断をし、チャレンジしたこと」、それが3棟目の「サ高住」建設が可能になった理由です。

理解していただきたいのは、今、あなたも決断次第で可能性を手に入れられるということです。

「サ高住」とはなにか？

「サ高住」＝サービス付き高齢者向け住宅

自己資金が求められたり融資条件が厳しくなったりと、少し前ほど容易に不動産投資ができなくなっている。それが今、唯一、頭金がなかったり高属性ではなくても挑戦できるのが、サービス付き高齢者向け住宅、いわゆる「サ高住」への投資です。

しかも「サ高住」は、まだ数が足りないため国が後押しをしている事業なので一定の要件を満たしていれば、**建設費の１割が補助されたり、税制優遇措置も得られたりします。**

では、「サ高住」とはどういうものなのでしょうか。

「サ高住」とは、主に民間事業者が運営するバリアフリー対応の賃貸住宅を言います。

高齢者が住み慣れた地域で暮らせるよう**「地域包括ケアシステム」拡充の施策**として創設されました。

高齢者施設として代表的なものには、介護体制が整っている公共の「特別養護老人ホーム」と民間の「有料老人ホーム」があります（図03）。

ところが「特別養護老人ホーム」は、重症な要介護者を優先的に入居させるため、軽度の人は簡単に入居することができません。

また、費用が月額8～15万円と比較的安価なことから入居希望者が多く、入居したくてもなかなか入れないのが現状です。


一方、「有料老人ホーム」は、自立でも要介護でも入居することが可能で、その点ではハードルが低いのですが、一時金として何千万円もかかったり、月額の利用料も40万円以上だったりするところが多く、経済的に入居が難しいケースが多いのです。

そこで政府は、その中間をいくものとして、「サ高住」構想を打ち出しました。

厳密には、「サ高住」は施設ではなく、あくまでも高齢者向け賃貸住宅です。

図03｜さまざまな高齢者施設

分類	施設名称	特徴	入居者 自立	入居者 要支援	入居者 要介護	利用料 入居時	利用料 月額	公募	運営者
民間型	有料老人ホーム	■介護サービスを提供する施設	○	○	○	0円～数億円	15万～35万	有	民間企業、 社会福祉法人、 医療法人等
	介護付 （特定施設）	■食事や清掃から介護サービスまで、 **定額料金**で施設のスタッフが提供する。 ■**地域によっては建設計画がない。**	△	○	○	0円～数億円	15万～35万		
	住宅型	■食事、基本サービスが付いた高齢者向けの **居住系施設（厚労省）**居室面積**13㎡～** ■必要な分のサービスを外部から選択できる。	○	○	○	**0円～数億円**	15万～35万	**無**	
	サービス付き高齢者向け住宅	■食事、基本サービスが付いた高齢者向けの 賃貸住宅（**厚労省×国交省**）居室面積**18㎡～** ■必要な分のサービスを外部から選択できる。 ■**補助金・税制優遇・政府系ＢＫ融資アリ**	○	○	○	**敷金 前払い家賃**	10万～25万	**無**	民間企業、 社会福祉法人、 医療法人、 住宅供給公社等
	グループホーム	■認知症の高齢者向け共同生活 ■1ユニット9人～	×	△	○	0円～	10万～18万	有	民間企業、 社会福祉法人、 医療法人等
	ケアハウス	■身体機能の低下、高齢等の理由で独立して 生活するには不安がある高齢者向けの施設 ■Ａ型～Ｃ型の3種類分類される。	○	○	△	0円～	7万～20万	有	**社会福祉法人**、 医療法人等
公共型	特別養護老人ホーム	■費用が安く、重度対応可能な老人ホーム ■数百人待ちの狭き門	×	×	○	なし	5万～15万	有	**社会福祉法人**
	介護老人保健施設	■病院から自宅に復帰するためのリハビリ施設 ■基本最長6ヵ月、在宅復帰を推進するが…。	×	×	○	なし	7万～18万	有	社会福祉法人、 **医療法人**等
	介護療養型医療施設	■症状が安定している高齢者向けの長期入院型 医療施設 ■**2016年廃止検討も延長決定**	×	×	○	なし	10万～20万	有	**医療法人、 地方公共団体**等

入居の対象となるのは、60歳以上の人。単身でも夫婦でも入居することができ、まだ介護の必要のない「自立」の人から、軽度の「要介護」の人まで入ることができます。特徴は、食事やサービスを選択でき、月額利用料が10〜25万円とほぼ老齢年金でまかなえる金額設定になっていることです。

なお、「サ高住」には「一般型（住宅型）」と「施設型」の2種類がありますが、私が本書で投資対象としているのは「施設型」になります。

有料老人ホームに入れるほどの経済的な余裕はなく、特別養護老人ホームに入るほど要介護度が高くない人を対象にしていると考えていただくといいでしょう。

「サ高住」投資スキーム

では、「サ高住」投資スキームの基本を解説しましょう。

「サ高住」投資スキームを図にするとこのようなイメージになります（図04）。

図04 「サ高住」投資スキームの基本

■「サ高住」投資スキームの概要

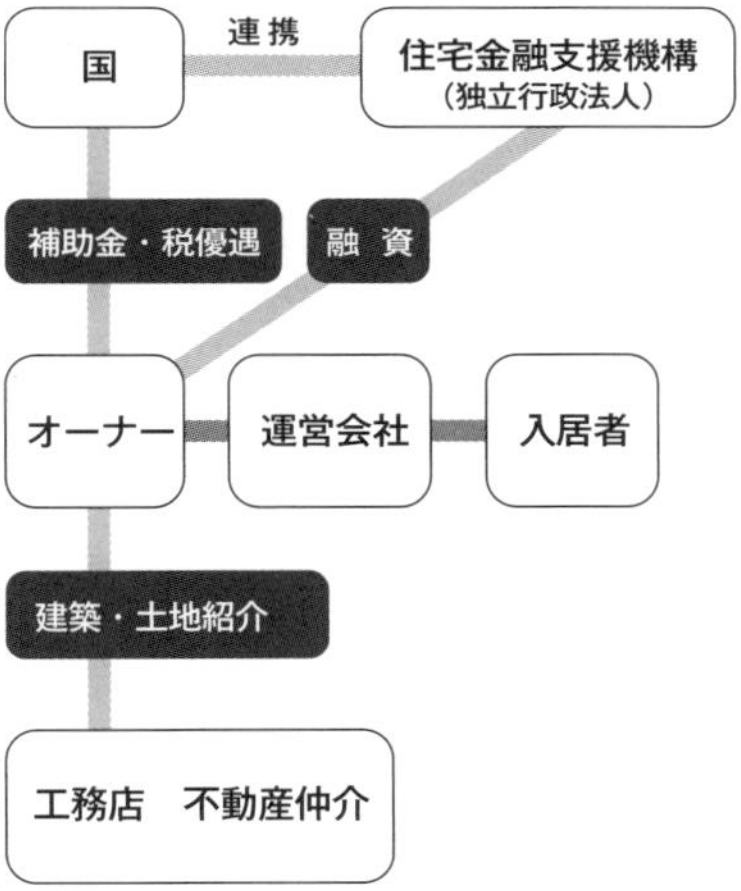

オーナーとなる投資家が、住宅金融支援機構から融資を受け、土地と施設の運営事業者を探し、工務店に建築を依頼します。そして、国から補助金や税金の優遇措置を受けます。

「サ高住」の利用料は、ほとんどが14〜15万円以内です。老齢年金の支給額から割り出して「これくらいなら毎月払えるだろう」という金額設定になっています。

そこから家賃として、私達**オーナーに支払われるのが1ヵ月あたり4万8000円程度**。5万円いかないくらいです。

この部分がオーナーの収入となり、そこからローンや必要経費を払っていく形になります。

従って建物の建築にかかる費用もそこからの逆算で、1坪当たり60万円を限度額にして考えます。

「サ高住」投資の採算ライン

「サ高住」の基準と採算の取れる規模

「サ高住」には、居室・浴室・食堂・共用トイレ・洗濯室・居間などの床面積を合算したときの**1室あたりの面積が25㎡**であること、バリアフリーであること、廊下の幅は原則として78㎝以上であることなど、さまざまな制限があります。

ただ、**個室に備え付けなければならないのはトイレと洗面台だけ**。**浴室は共同**で使えるものがあればOKとされているため、水回りにかかる費用はワンルームマンションやアパートに比べてかなり割安になります。

私が所有している「サ高住」は2棟で、部屋数がそれぞれ28室と30室（図05）です。（図05の2F図面は、実際には1Fと同じ面積）

1棟30室までにしているのは、30室を超えると、今回解説している設定（金額など）とは別の消防設備が必要になるためです。

建物は**木造2階建て**にします。鉄筋コンクリートの建物にすると、建築費用が高くなって採算が取れないからです。東京オリンピックの影響で建材が値上がりし、職人が不足しているのが原因です。

木造の建物は22年で減価償却しなければならないので、通常であれば、民間の金融機関では長期間のローンを組むことはできません。

ところが「サ高住」に関しては、住宅金融支援機構で**35年間固定金利の長期ローンを組むことができる**のです。

また、「サ高住」の登録基準（図06、07）に合致した施設には、**国から建築費の10分の1に該当する補助金が交付される**ほか、**税制上の優遇措置**（図08）**を受けることもできます。**

図05｜「サ高住」の間取りの一例

1棟30戸／延べ床面積997㎡

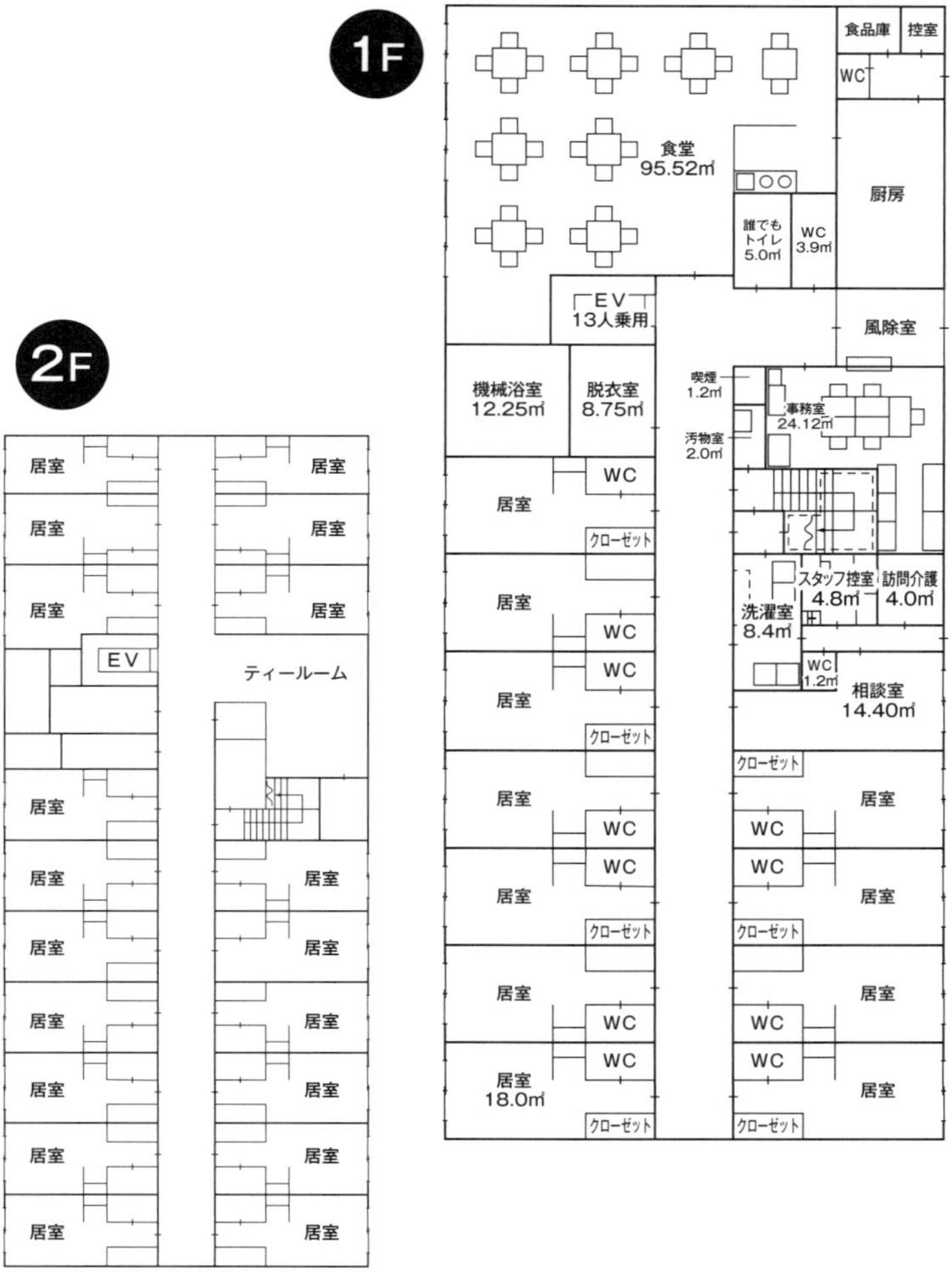

図06 「サ高住」の登録基準①

サービス付き高齢者向け住宅登録基準（概要）①

項目		基準
登録できる住宅の種別		賃貸住宅または有料老人ホーム ※賃貸住宅及び有料老人ホームを構成する建築物ごとに登録する
入居者要件		60歳以上の者又は要介護・要支援認定を受けている者及びその同居者（※） ※同居者は以下の者に限られる ・配偶者 ・60歳以上の親族 ・要介護・要支援認定を受けている親族
設備基準	規模	○1戸あたりの床面積は原則25㎡以上 ○居間、食堂、台所等、高齢者が共同して利用するために十分な面積を有する共用の設備がある場合は18㎡以上とすることができる なお、サービス付き高齢者向け住宅の各居住部分の床面積を25㎡以下とする場合にあっては、食堂、台所等の共同利用部分の面積の合計が、各専用部分の床面積と25㎡の差の合計を上回ることが基本
	設備	原則、各戸に台所、水洗便所、収納設備、洗面設備及び浴室 （共用部分に共同して利用するため適切な台所、収納設備又は浴室を備えた場合は、各戸が水洗便所と洗面設備を備えていれば可となる場合あり）
加齢対応構造等（バリアフリー）の基準	（1）床	段差なし
	（2）廊下幅	78cm（柱の存する部分は75cm）以上
	（3）出入口の幅	居室・・・75cm以上　浴室・・・60cm以上
	（4）浴室の規格	短辺120cm、面積1.8㎡以上（1戸建の場合、短辺130cm、面積2㎡以上）
	（5）住戸内の階段の寸法	T≧19.5　R/T≦22／21　55≦T+2R≦65 T：踏面の寸法（cm）、R：けあげの寸法（cm）
	（6）主たる共用の階段の寸法	T≧24　55≦T+2R≦65
	（7）手すり	便所、浴室及び住戸内の階段に手すりを設置
	（8）エレベータ	3階建以上の共同住宅は、建物出入口のある階に停止するエレベータを設置
	（9）その他	高齢者の居住の安定確保に関する法律施行規則第34条第1項第9号の国土交通大臣の定める基準（平成13年国土交通省告示第1296号）（※1）を満足する必要があります。
	上記の基準をそのまま適用することが適当でないと認められる既存建物の改良等の場合	上の（1）（5）（6）（7）を満たすこと
		国土交通省・厚生労働省関係高齢者の居住の安定確保に関する法律施行規則第10条第5号の国土交通大臣及び厚生労働大臣の定める基準（平成23年国土交通省・厚生労働省告示第2号）（※2）を満足する必要があります。

図07｜「サ高住」の登録基準②

サービス付き高齢者向け住宅登録基準（概要）②

<table>
<tr><th colspan="2">項　目</th><th>基　準</th></tr>
<tr><td rowspan="3">サービス関連</td><td colspan="2">状況把握サービス及び生活相談サービスを提供すること</td></tr>
<tr><td colspan="2">以下のサービスのいずれかを提供する場合、老人福祉法の有料老人ホームの定義に該当（サービス付き高齢者向け住宅に登録した場合、届出義務の対象外）します。
・入浴、排せつ、食事等の介護
・食事の提供
・調理、洗濯、掃除等の家事
・心身の健康の維持及び増進</td></tr>
<tr><td>状況把握サービス及び生活相談サービスの基準</td><td>○次に掲げる者のいずれか（以下「資格者」という。）が、夜間を除き、住宅の敷地又は隣地敷地内の建物若しくは近接（歩行距離で概ね500m以内）する土地に存する建物に常駐しサービスを提供
　なお、常駐する時間帯は概ね9時から17時とし、少なくとも1人が常駐する必要がある

・医療法人、社会福祉法人、介護保険法指定居宅サービス事業所等の事業者が、登録を受けようとする者である（又は委託を受ける）場合・・・当該サービスに従事する者（ただし、当該事務所の人員配置基準に定められた時間帯は不可）
・それ以外の場合・・・医師、看護師、介護福祉士、社会福祉士、介護支援専門員又はヘルパー２級以上の有資格者

○常駐しない時間帯は、各住居部分に設置する通報装置にてサービスを提供
○状況把握サービスにおいては、資格者が各居住部分への訪問等の方法により、毎日1回以上提供</td></tr>
<tr><td rowspan="2">契約関連</td><td colspan="2">・書面によるものであること
・居住部分が明示されていること
・敷金・家賃以外の金銭を受領しない契約であること
・入居者の合意なく居住部分の変更や契約解除を行わないこと
・工事完了前に前払金を受領しないこと</td></tr>
<tr><td>家賃等の前払金を受領する場合</td><td>・前払金の算定基礎、返還債務の金額の算定方法が明示されていること
・入居後３月以内の契約解除、入居者死亡により契約終了した場合、契約解除等の日までの日割家賃を除く前払金を返還すること
・家賃等の前払金に対し、必要な保全措置が講じられていること</td></tr>
</table>

図08｜税制上の優遇措置

サービス付き高齢者向け住宅供給促進税制の概要

固定資産税

適用期限
令和3年（2021年）3月31日まで

5年間 税額について2／3を参酌して1／2以上5／6以下の範囲内において
市町村が条例で定める割合を軽減
（一般新築特例は1／2軽減）

※平成27年4月1日から「地域決定型地方税制特例措置」（通称:わがまち特例）を導入

要件
①床面積：30㎡以上／戸（共用部分含む。一般新築特例は40㎡以上／戸）
②戸数：10戸以上
③補助：国又は地方公共団体からサービス付き高齢者向け住宅に対する
　　　　建設費補助を受けていること
④構造：主要構造部が耐火構造又は準耐火構造であること　等

等

不動産取得税

適用期限
令和3年（2021年）3月31日まで

家屋 課税標準から1200万円控除／戸（一般新築特例と同じ）
土地 次のいずれか大きい方の金額を税額から控除（一般新築特例と同じ）

ア：4万5,000円（150万円×3%）
イ：土地の評価額／㎡× 1／2（特例負担調整措置）×家屋の床面積の2倍（200㎡を限度）×3%

要件
①床面積：30㎡以上／戸（共用部分含む。一般新築特例は40㎡以上／戸）
②戸数：10戸以上
③補助：国又は地方公共団体からサービス付き高齢者向け住宅に対する
　　　　建設費補助を受けていること
④構造：主要構造部が耐火構造又は準耐火構造であること　等

等

これからも高齢者は増え続ける！

さて、「サ高住」投資の収入源が入居者の支払う家賃である以上、建物を作ったところで本当に入居する人がいるのかどうかが、重要な問題になります。ここ数年の新築アパートのように、供給過剰になって入居者の取り合いになってしまっては投資する意味がありません。

結論から言うと、「サ高住」投資に関しての先行きは明るいと断言できます。

「サ高住」の入居対象となりそうな**65～74歳の人の数はこれからも増え続け**、団塊ジュニア世代の高齢化によって２０４５年にピークを迎えます（図09）。そして、ピークを過ぎてからは緩やかに高齢人口が減少していく予測です。

仮に２０２０年に「サ高住」投資を始めた場合、住宅金融支援機構の融資期間35年が終了する２０５５年時点での高齢人口は３６２６万人の見込み。これは、高齢者人口のピークは過ぎているものの、投資を始める2020年よりも35年後の方が高齢者人口は増えていることを意味しています。

10年後、20年後に始めるよりは、今すぐに、「サ高住」投資を始めることで高齢人口が増え続けることの恩恵を受けられます。

令和元年8月末の「サ高住」の登録状況は、全国で7415施設、24万7165戸となっています。

ところが国の整備戸数の目標は60万戸。現在のところ41・2%に過ぎません。

つまり、**まだまだ「足りていない」**のが現状です。

図09｜高齢人口の伸び

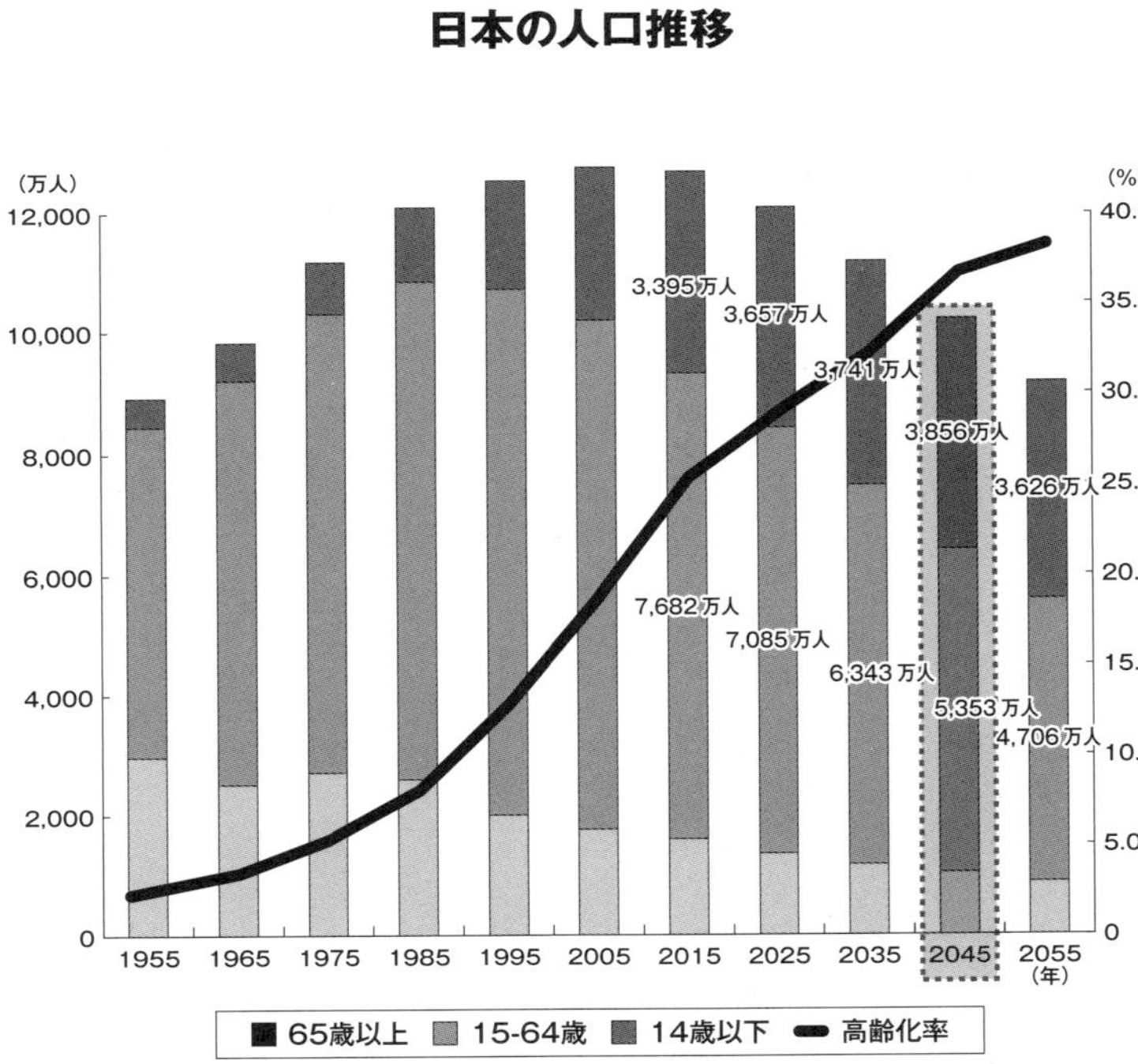

15〜64歳までの生産年齢人口は、2045年には5,353万人まで減少。
同年、65歳以上の高者人口は、3,856万人まで加しピークを迎える。

「サ高住」投資のリスクとはなにか？

「サ高住」投資のリスク

「サ高住」がどのようなものか、ある程度わかったところで、「サ高住」投資のリスクについて考えてみましょう。

これは「サ高住」に限った話ではありませんが、**地震が起きた場合に、建物に大きな損害が発生するリスク**があります。地震保険は建物の半額分しかかけることができません。

ですので、建物が倒壊してしまった場合、再建するための金額負担が大きいのがリスクの1つです。

また、**施設の運営サイドの過失による死亡事故**などが発生した場合は、悪評が立ち入居者離れが発生する可能性も否定できません。

この場合の対処としては、別の事業者への切り替えが考えられます。

またサブリース会社を利用して長期間の一括借り上げによる家賃保証をつけている場合、サブリース会社が倒産するリスクもあります。

そのような場合は、運営事業者との直接契約へ変更することで事業を継続することができます。

「サ高住」投資のメリットとはなにか？

その他不動産投資よりもリスクが少ない

「サ高住」投資には、ほかの不動産投資（ワンルームマンション投資やアパート投資）にはない魅力がたくさんあります。

まずは、そこから見ていきましょう。

①立地がそれほど問われない

まず、立地です。通常の賃貸物件の投資では大きな都市の駅近など、立地に恵まれていないとなかなか部屋が埋まりません。

ところが「サ高住」に入居する人たちは高齢者です。

また、わざわざ施設型の高齢者向け住宅に入居してくるわけですから、自分から進んでどんどん外に出ていきたいという人はそう多くないと考えます。

つまり、駅近などの立地条件が問われないということです。そのため土地を購入するにせよ借りるにせよ、コストがあまりかからずにすみます。

むしろヘルパーさんなど、中で**働いてくれる人を確保できる場所**であることの方が重要になります。

②建物が古くなっても価値が下がりにくい

通常の収益物件では、よほど立地がよくない限り、築年数の経過とともに家賃を下げざるを得なくなります。

ところが「サ高住」の場合、**「築年数が古い＝高齢者向け住宅として安定的に運営ができていて安心できる」という評価**になるため、非常に価値が下がりにくい物件です。

他の収益物件に比べて安定的な家賃を確保できる可能性が高いのです。

③部屋で亡くなった人が出ても瑕疵《かし》にならない

通常の賃貸物件ですと、部屋で亡くなった人がいると瑕疵物件扱いになりますが、

「サ高住」は高齢者向け住宅なので問題になりません（亡くなるまで長期で入居することを視野にいれている）。したがってそれによって賃料を下げる必要もありません。

④室内が汚れにくい

若い人と異なり、入居してくる人たちは活動性がそう高くありません。したがって室内が汚されたり破損されたりする可能性が低く、メンテナンスにコストがかかりません。

「サ高住」投資は投資効率がいい

一般的な投資では利回りが5・5％程度あればよしとされていますが、「サ高住」に関して言えば、**7％を超える利回りが可能**です（そのように設計します）。

先に紹介したP39の図02を参照してください。

すでに説明しましたが、土地がなくて借地に建てた場合でも、ローンや修繕積立金、地代を引いた手残りが年間512・8万円、あります。3年で1538・4万円です。

それを元に新たな借入をして物件を増やしていくことが可能です。

不動産投資では常に実績が物を言います。1軒目の投資が成功して安定的に収益を上げることができれば金融機関の審査が通りやすくなり、順調に収益物件の数を増やしていくことができます。

ではここで少し、私自身の話をさせてください。

先にも触れましたが、私が最初に収益物件を持ったのは今から6年前。名古屋駅から徒歩圏内の、祖母が経営していた銭湯の跡地に**ファミリー向け14階建て2LDKの賃貸マンション**を建てました。

このときの借入額は3億4000万円。土地があったのでそれが担保となり、四十手前のサラリーマンではありましたがそれだけ融資してもらえたのです。

「よく思い切った借金をしたな」と言われることもありましたが、私自身、綿密な計算をした上での決断でした。

名古屋駅周辺にはワンルームマンションはたくさんありましたが、ファミリー向けの賃貸物件はほとんどありませんでした。

「この立地でこの物件なら、こういう属性の人が住み、これだけの家賃収入が見込める」というプランがしっかり作れたことが、「3億4000万円の借金への不安」というハードルを飛び越えさせてくれたのです。

この最初の不動産投資が成功したことが次へとつながりました。この利益を頭金に、2つ目の物件を購入することができたのです。

2つ目の物件は、東京都渋谷区の京王線幡ヶ谷駅近くの自宅併設ワンルームアパートです。3畳ロフト付きの部屋をたくさん作りました。土地代と建設費を合わせて8000万円です。

この物件も立地がよく若い人に好まれて常に満室状態でした。4年間所有してローンが減り始め、利益分をある程度貯めたタイミングで欲しい人が現れ、9500万円で売却しました。

それ以降も、太陽光発電に投資したり、京都のゲストハウスに投資したりと、さまざまなことにチャレンジしました。

大きな失敗はありませんが、京都のゲストハウスは思っていたほど利益が上がりませんでした。

そして最後にたどり着いたのが、「サ高住」投資です。

以前から収益物件の購入でお世話になっていた業者さんから、「最近、こういう投資の手法が出てきました。まだまだ数が足りず、国からの補助があったり税制上のメリットがあったりと、非常に有利なんです。検討してみませんか？」と声をかけていただいたのがきっかけでした。

私は自分で言うのもおかしな話ですが、不動産投資についてはかなり勉強していますし、知識も経験も豊富な方だと思います。

そんな私の目から見ても、**非常に優れた投資法**だと思いました。

というのも、「サ高住」投資は投資効率が抜群にいいのです。たとえば太陽光発電は1つ2000万円投資して、4～5年かけて8基まで増やしてきましたが、とても手間がかかります。

ところが「サ高住」投資で自分がしたことといえば、ほぼ最初の資金調達だけです。

もっとも私の場合、知り合いの業者さんにお願いして土地探しから事業者を見つけることまでそっくりお願いしたためです。しかし、「サ高住」投資では私のように**専門業者に委託することが一般的に行われている**ので、そのやり方を踏襲すれば実に投資効率がよくなるのです。これが〝自動的に豊かになる〟のゆえんです。

この専門業者に委託する方法については、次の章でご説明します。

サラリーマンだということが有利に働く

融資の際、一般のサラリーマンであること自体が高い評価の対象となるのが優れている点と言えます。

融資の審査の際、決算書類の提出が求められますが、不動産専業ではない一般的な自営業者の場合、「今後5年間の売り上げの見通しを示す必要がある」ようです。**「サ高住」からの利益を別の事業に使ってしまわないかどうかを、厳重に審査している**ようです。

ところが**サラリーマンであれば源泉徴収票を提出すれば足りる**のです。収入に浮き沈みがないというところが、かなり大きな評価基準になっているわけです。

年齢的には**30〜40代くらいの人の方が融資は通りやすい**でしょう。しかし、もう50代になっているから無理かというと、そういうわけでもないようです。実際に50代で融資が通った人もいます（ただし定年退職を迎えてからでは厳しい）。

世の中では、「しがないサラリーマン」と卑下するような言葉もよく聞かれます。しかし、こと「サ高住」に関して言えば、**サラリーマンという属性が極めて高い価値を持っている**のです。

サラリーマンに2億円の融資をしてくれる事業は、これしかありません。

金融機関で「脱サラしてラーメン屋をやりたいから3000万円融資してほしい」と言ったところで、絶対に相手にはしてもらえないでしょう。

ところが、この事業に関しては2億円もの融資が可能です。

しがないサラリーマンという立場を逆手に取って勝負に出れば勝てる……。それが「サ高住」投資なのです。

不動産投資の動向

不動産投資はなぜ加熱したか

不動産投資はにわかにブームになったり、そうかと思うと急速に投資環境が悪化してしぼんだりと、興隆と衰退を繰り返しています。

近年では、2015〜2016年にかけてブームが沸き起こりました。それまで不動産投資が行える人は、ごく一部の土地持ちやよほどの高収入の人たちに限られていました。**物件価格の2割程度の自己資金を、当たり前のように要求されていた**のです。

ところが2014年10月、日銀によって史上初のマイナス金利が導入されます。

ここで潮目が変わり、金融機関・ノンバンクともに新規貸出先を開拓する必要性に迫られ、属性の高いサラリーマンを中心として担保のある不動産を購入するための資金貸し出しに活路を見出しました。

また2015年1月には改正相続税法が施行。相続財産のうち、相続人の人数によって変わる非課税枠が、改正前の「5000万円＋法定相続人の数×1000万円」から「3000万円＋法定相続人の数×600万円」へと縮小されました。これはつまり、**相続税の対象となる人の数が増える**ことを意味します。

相続税の計算基礎となる**「相続税評価額」**は現金や株などよりも、実勢価格で評価される不動産の方が低くなり節税効果が期待できることも、不動産投資ブームを後押ししました。

3000万円の現金と3000万円の不動産（2000万円の建物＋1000万円の土地）の場合で比較してみましょう（図10）。

現金の場合、相続税評価額は額面通りの3000万円となりますが、**不動産の場合、**

建物部分は固定資産税評価額の50％（＝1000万円）、**土地部分については路線価の80％**（＝800万円）程度で評価されることになります。

さらにこの不動産が賃貸物件の場合は、**土地の評価額は60％**の480万円、**建物は70％**の700万円と下がります。

これを現金と比較すると課税対象額は、現金3000万円に対して賃貸物件が1180万円。大きな節税効果が得られることがおわかりいただけるでしょう。

このような理由から、賃貸アパート建築数が増加。

2005～2010年までの間、リーマン・ショックをはさんで減少していた貸家の建築数が2014～2016年にかけて増えたことがわかります（図11）。

図10｜不動産の節税効果

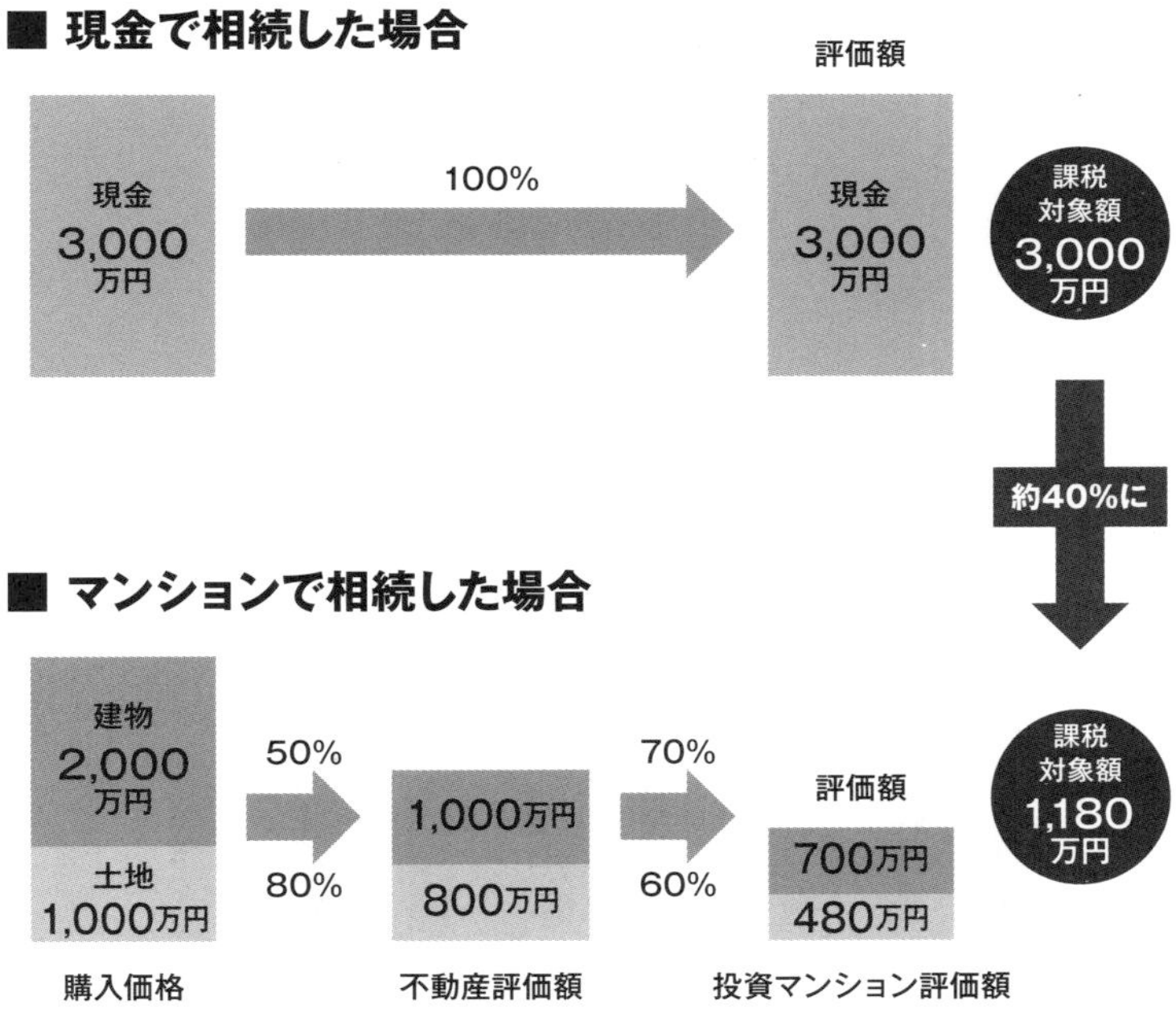

図11｜貸家の建築数

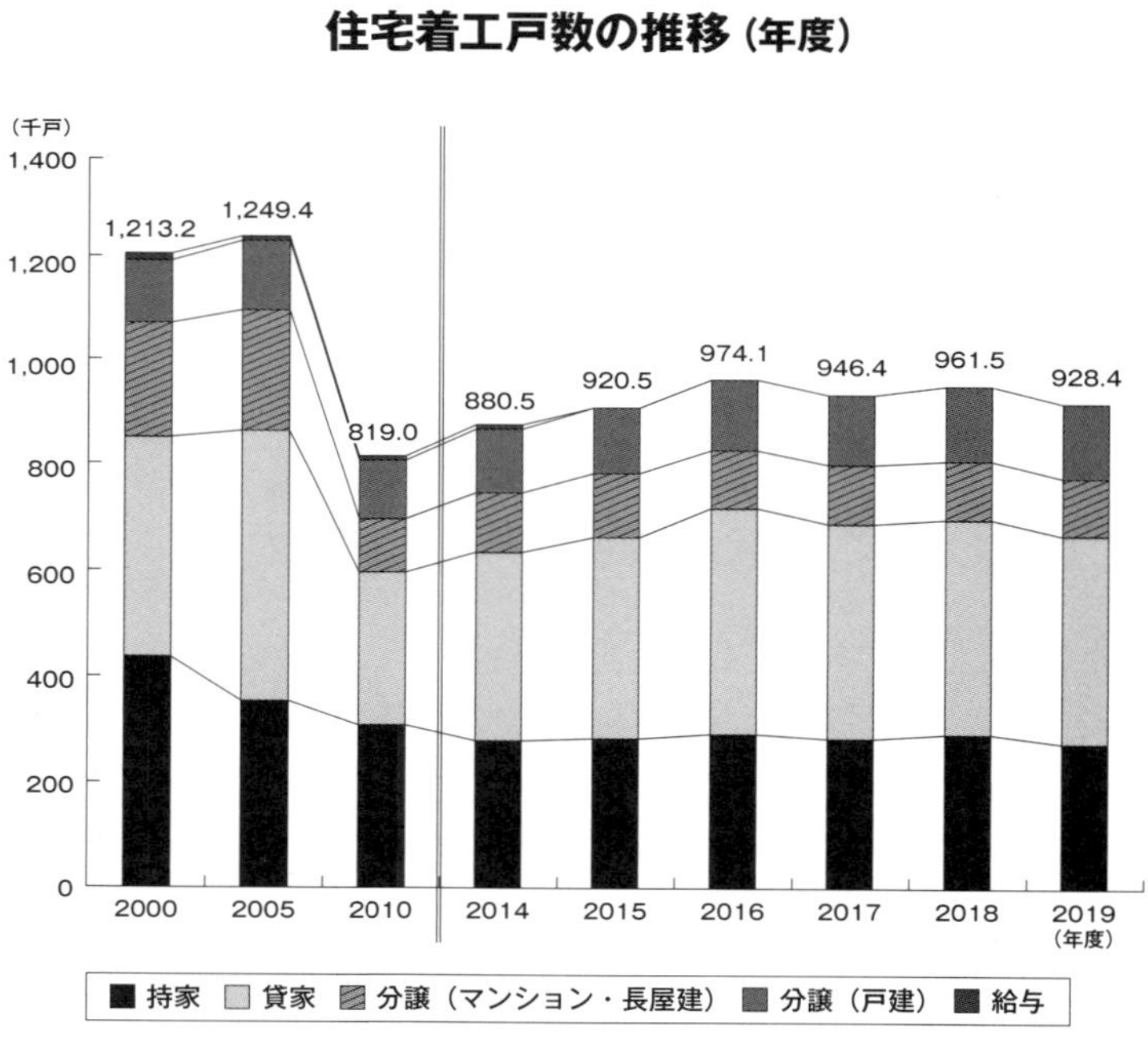

住宅着工戸数の推移（年度）
（千戸）
1,400
1,200
1,000
800
600
400
200
0
1,213.2
1,249.4
819.0
880.5
920.5
974.1
946.4
961.5
928.4
2000
2005
2010
2014
2015
2016
2017
2018
2019
（年度）
持家
貸家
分譲（マンション・長屋建）
分譲（戸建）
給与

不動産投資における衝撃事件

「かぼちゃの馬車」事件

ところが2018年4月、加熱しすぎた不動産投資市場を震撼させるような出来事が発覚します。

投資用物件「かぼちゃの馬車」を販売するスマートデイズが東京地裁から民事再生手続きを棄却され破産したのです。

スマートデイズは地方から上京する女性を入居者とするシェアハウスを販売。スマートデイズにより30年の家賃保証（サブリース）がつけられること、入居者へ住まいだけでなく仕事も提供するというコンセプトで営業展開をしていました（図12）。

就職あっせんも行い、採用されればその企業から紹介手数料として年収の25％がオーナーに入ります。それを原資にして支払いに充てればよいというセールストークの下、「かぼちゃの馬車」を展開し、事件が発覚したときには物件数は約800棟・1万室に膨れ上がっていました。

ところが現実的には入居者を獲得できず、空室がかなりの数に上りました。家賃の設定相場自体が似たような物件の1・5～2倍に設定されており、高いのが敬遠されたのです。**見せかけの利回りを上げるために高くした**のでしょう。

また仕事をあっせんする仕組みもうまく機能していませんでした。

結果として、ほとんどの案件で融資を引き受けていたスルガ銀行が融資の方針を転換したことから資金繰りが悪化。オーナーに対するサブリース賃料は減額され、ついに支払えなくなって問題が発覚したのです。

不動産投資がうまくいくかいかないかは、最初の仕組みで決まると言われています。要するに安く買えれば成功、高く買ってしまったら失敗ということです。

「かぼちゃの馬車」の場合は、**相場よりも高いという時点でもう失敗が決まっていた**

図12｜「かぼちゃの馬車」販売のしくみ

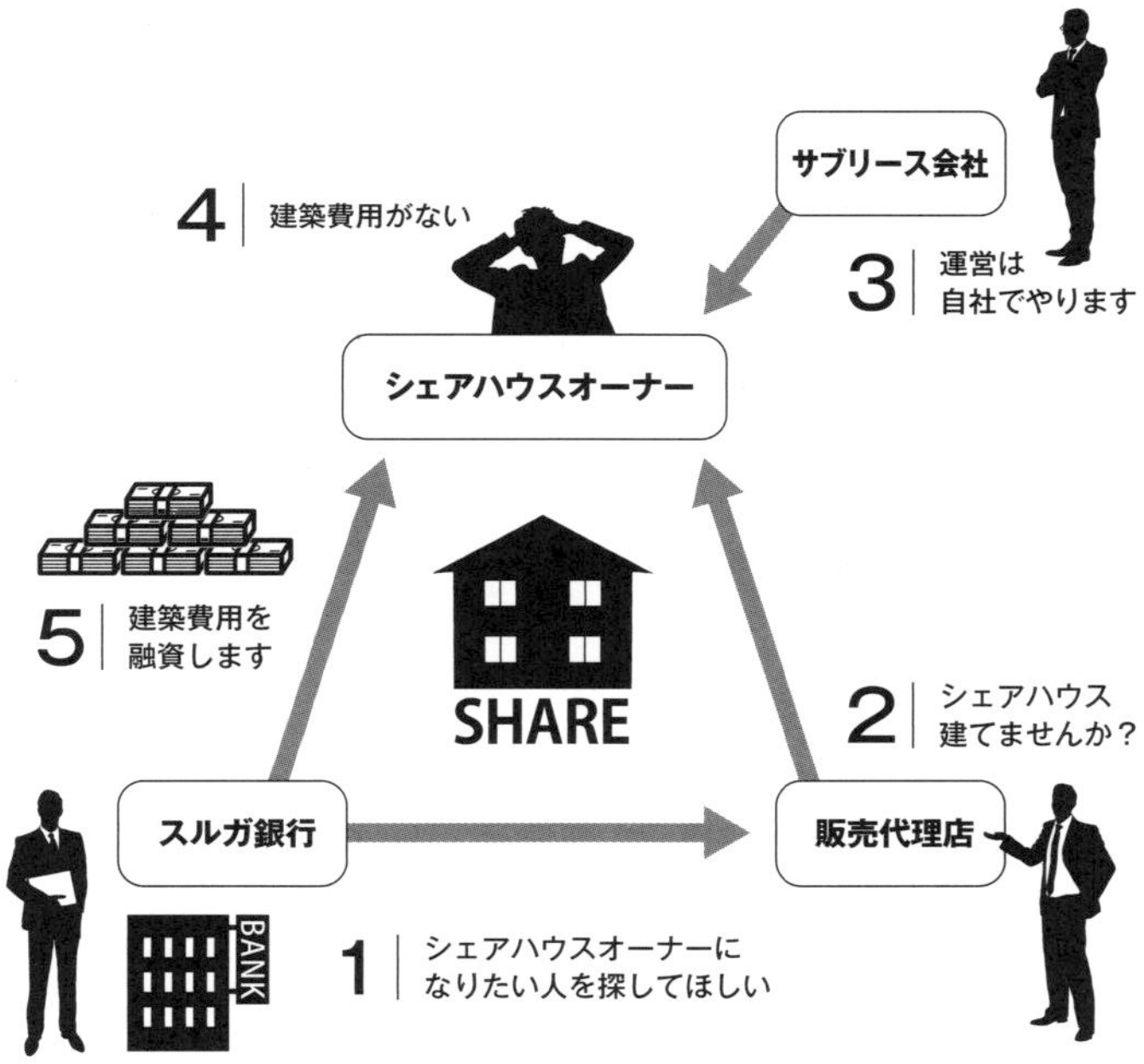

わけです。

だまされる心理とは？

これまでに不動産投資の経験のある人なら、ビジネスモデル自体に無理があることに気がつくのではないでしょうか。ですが、「不動産投資がブームのようだから、自分もやってみよう」と初めてセミナーに参加して「自己資金がなくても大きな物件が買える」という言葉に心が動かされてしまったのかもしれません。

スマートデイズでは融資を引き出すための契約書を2通作っていました。銀行に提出する「見せかけの契約書」と、自分たちの間で取り交わす「本物の契約書」の2種類です。

たとえば1億円の物件を買うには、ローン借り入れは9割の9000万円が限度で、通常、1000万円程度の自己資金が必要となります。ところがスマートデイズは「1

000万円もの自己資金は用意できない」という顧客に対し、自己資金分1000万円を上乗せした1億1000万円の契約書を作り、9900万円の融資を引き出すという手口を使っていたのです。

ほとんど自己資金なしで物件購入ができ、しかも家賃はサブリースで保証されている。地方から出てくる若い女性に仕事と住居を提供するというビジネスモデルだから社会貢献にもなる……。そんなセールストークに、医師やサラリーマンなど属性の高い人たちが乗せられてしまったのです。

融資引き締めの時代に突入

2017年4月、日銀と金融庁により個人向けアパートローンに対する引き締めが行われ、**個人の属性条件と融資対象物件の賃料査定が厳しくなりました。**

そして2018年に「かぼちゃの馬車」事件が明るみに出たことで、不動産投資を取り巻く融資情勢はさらに厳しさを増して来ています。

まず、**フルローンが通らなくなり、物件価格に対して1割の自己資金**が求められるようになりました。

先ほどお話ししたような二重売買契約の有無などの不適切融資がないかどうか、金融機関に金融庁の検査が入るようになり、自己資金が不足しているのを補うような裏ワザが使えなくもなりました。

今から不動産投資を始めようという人には、やりにくい状況になったとも言えますが、金融機関の都合ではなく顧客本位の融資をするようになったのも事実です。

ワンルームマンション投資の実際

ワンルームマンション投資の罠

ではこの金融引き締めの時代に、どんな不動産投資を始めればいいのでしょうか。

「ワンルームマンションくらいなら手に入る」と考える人も多いでしょう。購入価格の点からすると手が届きやすいかもしれませんが、ワンルームマンション投資は得策とは言えません。

その最も大きな理由は、**スケールメリットが活かせない**ことです。

不動産投資は基本的にスケールメリットが大きな投資で、**スケールが大きくなればなるほどリスクを軽減することができます。**

あなたがワンルームマンションを1戸持っていると考えてください。この場合、その物件の稼働率は0％か100％かのどちらかになり、空室リスクは50％です。

ずっと同じ人が借りてくれればいいですが、その人が出て行ってしまえば、次の人が入るまでに時間差が生じる可能性が極めて高くなります。もしかしたら何ヵ月も借り手がつかないかもしれません。

その場合、オーナーであるあなたには賃料が入らず、その物件をローンで購入していた場合には、返済分はあなたの「手出し」となってしまいます。

しかしマンション1棟12戸を丸ごと持っていた場合はどうでしょうか。

仮に1戸が空き部屋になったとしても、残る11戸の家賃が入るのであれば、空室リスクは8・3％まで下がります。

50戸所有していれば、5戸に空き部屋が出たとしても、稼働率は90％。スケールが大きければ大きいほどリスクが低くなるというのは、こういうことです。

表面利回りと実質利回り

投資物件の売買情報では「ワンルームマンション・利回り◯％」などという歌い文句がよく使われます。

銀行の10年ものスーパー定期の利回りが0・01％の現在、とてつもなく有利に思えますがこの数字を鵜呑みにしてはいけません。

このときに使われる**「利回り」は、年間の家賃収入の総額を物件価格で割り戻しただけの「表面利回り」**であることがほとんどです。

では、具体的に数字を挙げて見ていきましょう。

表面利回りは次のように計算します。

表面利回り＝年間収入÷物件価格×１００

図13のCを見てもらうと、1500万円の物件価格に対して、想定年間収入は90万円となり、表面利回りは6・0％になります。

しかし実際の不動産投資では、購入時に登録免許税や不動産取得税などの税金がかかるほか、所有している間も管理費や固定資産税などのコストがかかります。

この分を差し引いた**「実質利回り」を見ないことには、その物件が生み出す収益の実態がわかりません。**

実質利回り＝（家賃年収－諸経費）÷取得価格×100

同じく、AとCを見てください。

想定年間収入90万円から、諸経費である管理費、修繕費、固定資産税、火災保険の合計額27・6万円を引いた62・4万円が分子になります。

物件価格に購入時の諸経費100万円を足した取得価格1600万円が分母となり、実質利回りは3・9％になります。

図13｜ワンルームマンション利回りシミュレーション

A

	満室計算	90%入居	90%から10%下落
家賃年収	**90万円**	**81万円**	**72.9万円**
銀行返済	55.7万円	55.7万円	55.7万円
管理費	7.2万円	7.2万円	7.2万円
修繕費	8.4万円	8.4万円	8.4万円
固定資産税	10万円	10万円	10万円
火災保険	2万円	2万円	2万円
諸経費	83.3万円	83.3万円	83.3万円
年間手残り	**6.7万円**	**▲2.3万円**	**▲10.4万円**

B

広告費	15万円	家賃2ヵ月分
修繕費	10万円	清掃、床、壁紙、エアコン
合　計	**25万円**	

（2年に1回退去の場合）

C

物件価格	1500万円
取得価格	1600万円
想定年間収入	90万円
表面利回り	6.0%
実質利回り	3.9%
管理費（月額）	0.6万円
修繕積立金（月額）	0.7万円

D

自己資金	500万円

E

融資金額	1100万円
融資期間	30年
融資金利	2%
返済額	4.6万円

表面利回りこそ6・0％となっていますが、そこからローン返済や管理費など必要経費を控除したら年間収支はたったの6・7万円。実質利回りは3・9％にしかなりません。

しかもこれは切れ目なく家賃が入ってきた場合（つまり1年を通して満室だった場合）を想定したものです。Aを見て頂くと、仮に入居率が10％下がったら、収支は赤字のマイナス2・3万円に下がります。更に10％家賃を下げると収支はさらにマイナスの10・4万円。利益を生むどころか赤字となってしまいます。

マンションは新築時が最も価格が高く、登記されたとき（誰かのものになったとき）から値が下がっていきます。**新築物件は「新築プレミア」が上乗せされた価格**なので高づかみすることになりますから、**購入するとしたら中古物件**ということになります。

しかし中古は中古で、古くなればなるほど家賃を下げないと入居が付かないという悩ましさがあります。

今回のシミュレーションでは、物件価格の全額を融資でまかなうフルローンではなく、500万円の自己資金を投入することを想定しています（DおよびE）。それでも、90％入居の場合、家賃10％下落の場合とも、年間の手残りはマイナスになってしまいました。

さらに、Bを見てください。2年に1回の割合で退去が発生すると、その度に25万円の費用が発生します。そうなると、Aのシミュレーションの年間手残りの額は更に悪化してしまいます。

ワンルームマンションは、ファミリータイプよりも入退去の頻度が高いですので、1年あたり12・5万円の支払いが更に生じることを覚悟した方がよいでしょう。

市場に出回っているワンルームマンションは価値が低い

シミュレーションを見てもわかるように、収益物件のつもりが少しも利益が出ていなかった……。ワンルームマンション投資にはそういう落とし穴があります。

ワンルームマンション投資で成功するのは、**築30年くらい経っていて古いけれどもいい立地の物件を安く買うことができた場合のみ**と考えたほうがいいでしょう。

立地が全てなので、駅近だったり大学や大きな工場など独身者がたくさんいる場所でない限り、そう大した家賃は取れません。


また、仮に近くに独身者が通勤・通学する施設があったとしても、未来永劫そこにその施設があり続けるかどうかもわかりません。

そもそも条件のいいワンルームマンションは、市場に出回らないという事情もあります。理由は、**市場に出すと価値が下がるから**です。

インターネットなどに掲載されている物件は、売れないから出ているのであって、本当にいい物件は一般の人の目には触れないところで取引されているということです。

「サ高住」がいかなるものか、投資することのメリットについて、おわかりいただけたでしょうか。

続く第2章では、「サ高住」投資の実際についてご説明したいと思います。

第2章

「サ高住」投資の実践ステップ

「サ高住」投資のステップ

「サ高住」投資スキームについて

この章では「サ高住」投資の具体的なスキームについてお話しします。

「サ高住」事業は自力で全部やろうとすると準備に手間と時間がかかります。そのため私は**「JPMC日本管理センター」という会社が行っている賃貸物件の一括借り上げの制度を利用**し、さまざまな工程でサポートしてもらいました。

なお、「サ高住」経営をするには、一般的に言って、

①建設会社の一括借り上げサービスを利用する

②JPMCの一括借り上げサービスを利用する

③地域の優良な医療法人をはじめとする運営事業者と組んで個人で行う

の3つの選択肢が考えられます。

その中で私は②のJPMCの一括借り上げサービスを利用して「サ高住」経営を行なっています。

私の体験だけをご説明してしまうと、「サ高住」投資スキームの本来の姿をご理解いただけなくなってしまうので、最初にJPMCを間に入れない場合を想定した「サ高住」経営の一般的な事業スケジュールについてご説明します。

その次に私の体験を元にしてJPMCに間に入ってもらった場合の流れについてご説明していきたいと思います。

ではまず、JPMCが間に入っていない場合の、一般的なスケジュールを見ていきましょう（図14）。

Step 1

土地を見つける

1カ月目

「サ高住」投資において**最初にすべきことは、土地を見つけること**です。

土地は買ったものでも借地でもどちらでもかまいません。

ただ、購入するとなると借地よりも大きな資金が必要になります。収益性にも関わってくるので、よく検討したいところです。

実際、土地を購入してこの事業を始めようとした人にこんな人がいたそうです。

最初に見つけた土地の価格が比較的高額だったため利回りが悪くなり、住宅金融支援機構から「事業性がよくない」と判断されました。

そこで、もっと安い土地を見つけた結果、融資のゴーサインが出ました。

もちろん、自身もしくは親などが持っている土地をそのまま活用できればベストです。よく地方を走っていると普通のアパートとはちょっと趣の違う、かといって事務

図14 「サ高住」経営の事業スケジュール（借地の場合）

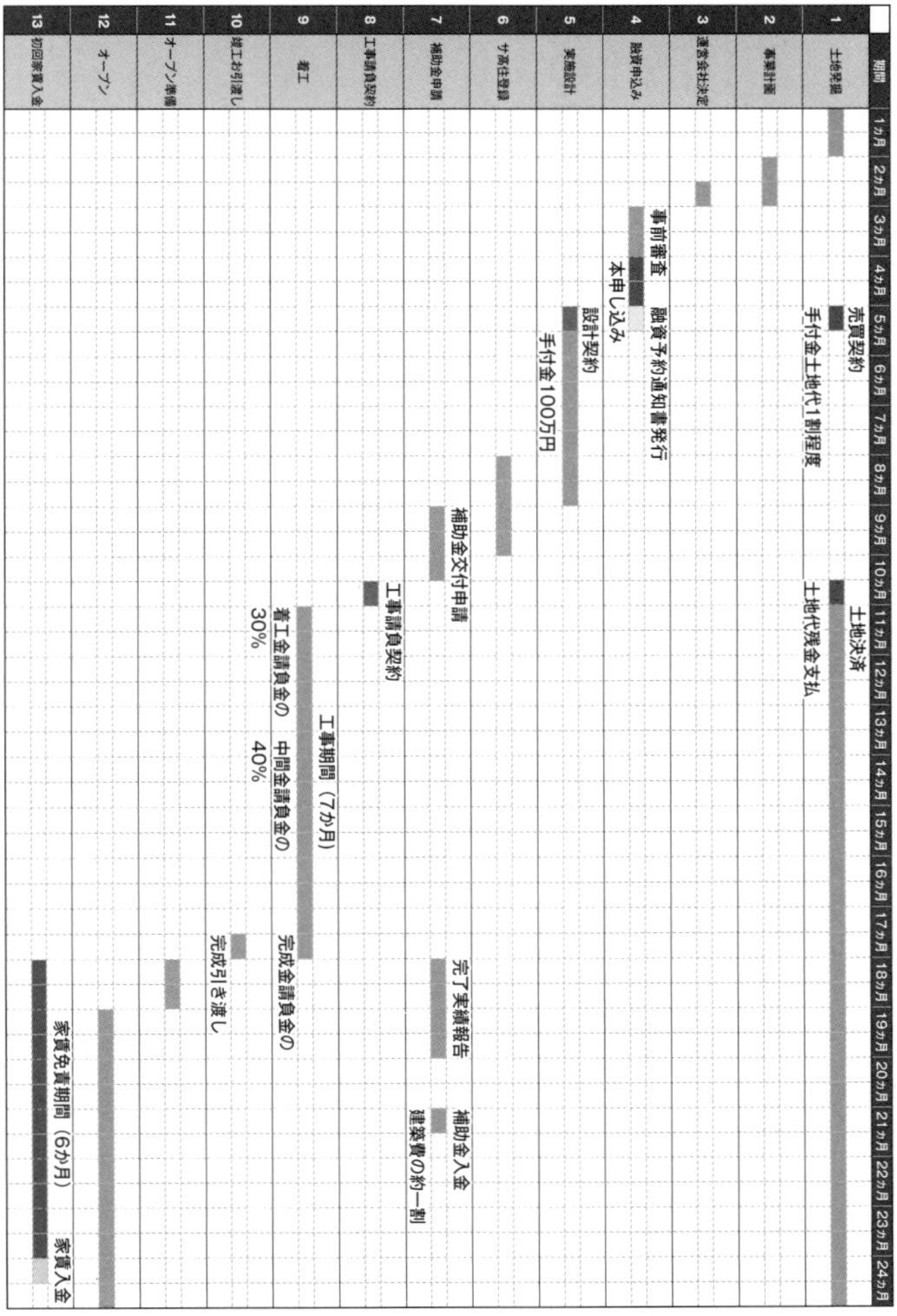

（土地購入の場合、1の【土地発掘】の段階で、3ヵ月目に「売買契約」と「土地代の1割程度の手付金の支払」、5ヵ月目に土地の決済となる）

所のようには見えない小ぎれいな建物が見えてくることがあります。たいていの場合、それが「サ高住」です。

もしかしたら先祖伝来の土地で「駅から遠いし、役に立たない」と思っている土地が「サ高住」の条件にマッチしているかもしれません。

土地のある人はまずは自分（親）の土地が「サ高住」にふさわしいかどうか検討してみるといいでしょう。

現在の立地状況としては、市街化区域が68・4％とではあるものの、それ以外も30％以上となっています（図15）。

土地の面積はどのくらい必要か

「サ高住」は地帯住宅部分とサービス施設を併せ持っています。そのため一般向けの**賃貸住宅よりも土地の収益効率は下がり、少なすぎる戸数では収益が上がりません。**

少なくとも**26～30戸程度は必要**でしょう。

一般的に**延べ床面積に対する住宅部分が60％**。そこから必要な敷地面積を割り出し

図15 「サ高住」の立地状況

- 市街化区域内に立地するものが約２／３にとどまる
- 公共交通機関や医療機関へのアクセスが必ずしも良くない立地のものもある

【都市計画区域との関係】

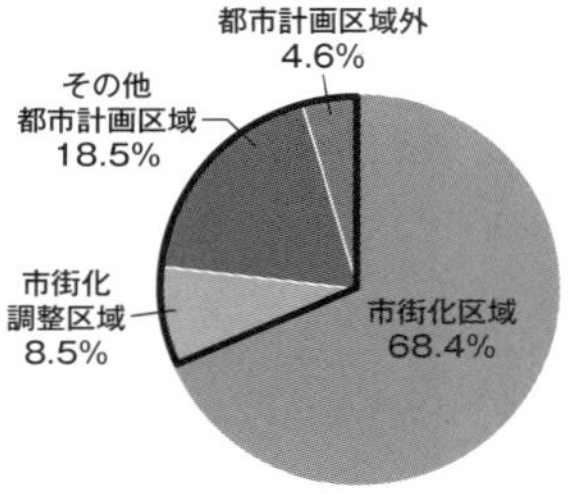

【公共交通機関へのアクセス】

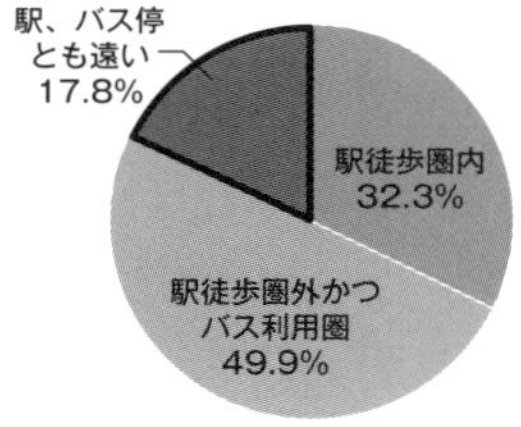

【医療機関へのアクセス】

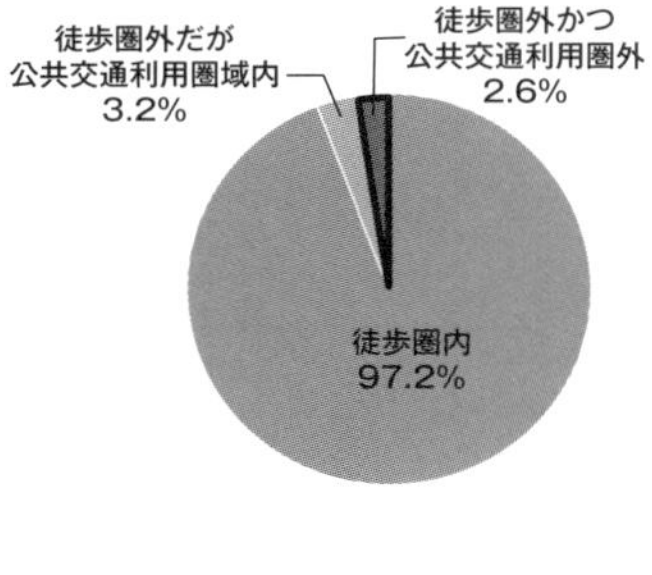

（H29年3月末時点）

てみましょう。

全体の広さ＝個数×部屋の広さ÷0・6

で求めてみます。

28戸で計算してみましょう。

28戸×20㎡÷0・6≒933㎡

280坪程度の土地が必要ということになります。

「サ高住」に向いている土地とは？

「サ高住」に向いている土地の条件としては、

①近くに比較的多くの高齢者が住んでいる
②近くに「サ高住」がまだない

の2点が挙げられます。

①近くに比較的多くの高齢者が住んでいる

「サ高住」の場合、**地元を離れたくない人が入居する確率が高い**ようです。「もう家で暮らすには自信がないけれど、まったく知らない土地には行きたくない」という感覚でしょうか。

そのため、若い人が多く住んでいる場所よりは、**高齢者の割合の高い場所**を選んだ方がいいでしょう。

②近くに「サ高住」がまだない

コンビニやスーパーでも、近くに似たような店舗があると「食い合い」になってしまいます。「サ高住」もそれと同じと考えてください。

もっとも**「サ高住」の場合は、常に働き手の不足に悩まされている業界**なので、入居者の取り合いというよりは、中で働くスタッフの取り合いの方が深刻です。

とはいえ、もし**運営主体となる事業者が同じ場合は、近くに複数の「サ高住」があることはむしろ利便性が高くなります。**

スタッフが掛け持ちで働くことができ、「今日はあちらの人手が足りないからあちらへ」「今日の午前中はこちらで働いてもらって、午後はあちらで」というふうにスタッフの融通が利きやすくなるからです。

大都市は有利だが土地が高くつく

家賃が高く取れるという点では大きな都市の方が有利ですが、そうすると土地の購入費用や借地料が高くなります。そのあたりはバランスを見て、ということになってくるでしょう。

あまりに過疎地域だとそもそも働き手がいなかったり、通勤が大変でスタッフ確保が難しくなったりといったことが出てきます。

入居者は基本的にあまり外を出歩かないので環境に左右されることはありませんが、**スタッフ確保のことを考えるとコンビニやスーパー、ドラッグストアが近くにある方がいい**でしょう。

子育ての終わった50代くらいの主婦層が住んでいる地域というのが、1つの目安になると思います。

土地の見つけ方

土地は「サ高住」を**建てたいエリアの地場でやっている不動産屋に頼んでおく**のが一番です。

地場の不動産屋は地主さんからの「この土地を売りたい」とか「貸したい」などの情報を持っていることが多いので、すぐに出てくる可能性があります。

通常、不動産屋はまとまった土地が出たら、まず建売住宅販売会社に声をかけますが、間口が狭かったり区割りがしにくかったりする土地が売れ残っていることがままあるのです。

もしストックがない場合は、「市街化区域で、３００坪の土地を買いたい（借りたい）のでお願いします」と言っておくと、条件に合う土地が見つかったらメールなどで情報を流してくれるはずです。

ただ、土地購入についてはタイミングがものを言います。

融資の打診中に他の人に満額で買い付けられてしまったら、諦めるしかありません。

なお、売地はインターネット上にも売買情報が掲載されているので比較的見つけやすいですが、借地の情報は入手しづらいことを覚悟していただいた方がいいでしょう。

Step 2

事業計画を策定する（施工会社選びとワンセット）

2カ月目

土地が見つかったら次にすべきことは、**事業計画を立てる**ことです。この段階で建物の建築を依頼する施工会社（工務店）を決めるべきでしょう。「サ高住」は建物自体の構造がそれほど難しいわけではありません。まともな工務店ならばどこでも作れるレベルのものです。

しかし、「サ高住」づくりの経験があり、ノウハウを持っていないとなかなか難しいのではないかと思われます。

坪単価60万円以内で作らないと採算が取れないという制限がありますし、住宅金融支援機構の**融資を受けるための事業計画書がきちんと作れるかどうか**ということが非常に重要になります。

「サ高住」を作るために、何が必要でどのくらいの費用がかかるかをしっかり見込んで事業計画書に反映させなければならないのですが、設計事務所から受けた建築しかやってこなかったなど、「工務店とは言われたままに建物を作るもの」という程度の認識しか持っていない工務店では、それができないことが多いのです。

事業計画を作る場合には収支の計算が欠かせません。ところが収支ソフトを持っていなくて事業計画を組めない工務店も少なくないのです。

ですから工務店を選ぶ際は、**「サ高住」を建てた実績を持っているか、なおかつその際、事業計画から携わった経験があるかどうか**をチェックした方がいいでしょう。「建てたことはあるけれども、ただ建物を建てただけ」では本当の意味で「建てた実績」にはならないのですから。

これだけは避けたい！　危険な事業計画

知り合いの「サ高住」の建設実績のある業者さんによると、お客様から「これ、ほかの会社が出してきた事業計画なんだけど、見てくれる？」と頼まれることがあるそうです。

見ると、絶対に抜けてはいけないものが抜け落ちていたり、極端に高い家賃設定がされていたりと「これはあり得ないだろう」というようなものが多いのだとか。

どことは言いませんが、**有名なハウスメーカーが出してくる事業計画書も現実離れしている**と聞きました。確かにいい建材を使ってデザイン性も優れてはいるのですが、建築コストが高すぎて、採算が取れないのが容易に予想できると言っていました。

失敗した「サ高住」の例

仮に事業計画書が作れたとしてもそれだけで安心はできません。

すでに稼働している「サ高住」の中にも、「これは事業計画で失敗していたのでは？」としか思えないものもあります。

中核都市の「サ高住」は土地面積の関係で、あまり大きいものが作れません。ところが土地に合わせて22部屋くらいの小規模なものを作ってしまったため、運営事業者の人件費とのバランスが取れず、思うような収益が上がらなくて売りに出ている物件がいくつもあるのです。

20部屋そこそこしか取れないのであれば、本来、「サ高住」をするべきではありません。

ナーシングホームなど、看護師だけを配置した医療依存度が高い人だけを入居させる施設であれば、**介護保険と医療保険の両方が適用になり収益性が上がるような施設にすべき**でしょう。

頼んだ工務店がそのようなことをわかっておらず、見込みの甘い事業計画書を作ってしまったことが原因でしょう。

なお、もし漏れや不備のある事業計画書を住宅金融支援機構に提出してしまって、融資が下りなかったとしても、機構の方から「こういう不備があったために融資できません」という**連絡をくれることはありません。**

機構から言ってくるのは、融資が通ったか・通らなかったかの結果だけです。

それだけに完璧な事業計画書を作ることは非常に大切なのです。

Step 3

3カ月目

運営会社を決定する

事業計画書作成と並行して、**「サ高住」の運営会社を決めなければなりません。**

たとえば身内の誰かが福祉施設に入所していて「この運営会社なら安心できる」と思えるところがあれば、そこに「今度、『サ高住』事業を始めることをしたのですが、運営会社になってもらえませんか」と声をかけるなどするといいでしょう。

また**地場の大きな医療法人にあたってみる**のもいいと思います。その付近にすごいネットワークを持っているので見つかりやすいでしょう。

住宅金融支援機構側は、事業者がしっかりしているかどうかを厳重にチェックします。実は機構側は「サ高住」オーナーの信用度よりも、運営会社の信用度の方を重視しているのです。

運営する側が計画に対してきちんと人員配置をしているかなど、細かくチェックしているようです。数年前の話ではありますが、知り合いの業者の話では、事業者の3期分の決算書提出を求められることもあったそうです。

大きな事故を起こしていない、評判のいい運営会社を選ぶようにしましょう。

ステップ3でのお金の流れ

土地購入の場合は、手付金が必要になる場合があります。

Step 4

融資の打診をする

3カ月目

事業計画がほぼ出来上がり、運営会社が決まったら住宅金融支援機構に融資の打診を行います。

必要書類（図16）を見て、「こんなにたくさんの書類を用意して、やり取りをしなくてはならないのか」と頭がクラクラした人もいることでしょう。でも問題ありません。住宅金融支援機構の融資打診（申し込み）については、**機構とのやり取りをする代理人を選定することができます。**

素人が全部やり取りをするのは大変なので、多くの場合、工務店側が代理店となり書類のやり取りをします。私も同様に工務店に頼みました。

申請は郵送でも行うことができますが、機構に持参して「この書類が不足している」などの指示を受けた方が、時間が短縮できる可能性があります。

また先ほど、事業計画書の書き方がまずくても、機構側からは融資できるかできないかの結果が来るだけで、融資できない理由は教えてくれないとお話ししました。

しかし実は、初期の段階では担当者レベルのぶっちゃけ話で「ここは、こう見せた方がいいですよ」など**アドバイス的なことをしてもらえる場合があります。**

最初に決算書や確定申告などに対する疑問点があった場合、機構側とやり取りする「事前相談」が終わると、融資についてはほぼ内諾のような形になります。

ステップ4でのお金の流れ

機構からの融資がほぼ決まったら、機構から提案された場合は民間の金融機関に**「協調融資」の申込みをします。**

ここで協調融資についてご説明しましょう。

協調融資とは?

協調融資とは**複数の金融機関が協調して1つの融資契約書に基づいて融資を行うこと**を言います。この場合で言えば、機構と民間の金融機関ということです。

図16｜融資打診必要書類

NO	添付書類
1	運転免許証（写）または健康保険証
2	借入申込内容に関する確認書
3	家族構成がわかる関係図
4	確定申告書（写）
5	各店申告書の収支内訳書または青色申告決算書
6	納税証明書（原本） ①所得税納税額等証明用（直近2ヵ年分）
7	納税証明書（原本） ②所得税所得金額証明用（直近2ヵ年分）
8	納税証明書（原本） ③所得税未納税額がない証明用（直近2ヵ年分）
9	市区町村税の完納証明書
10	固定資産課税台帳（名寄帳）（原本）
11	固定資産税・都市計画税納税証明書
12	預金通帳（写）
13	借入金返済予定表
14	所有物件の入居状況、収支状況がわかる書類
15	①法人税確定申告書（写）（別表も含む）（直近3ヵ年分） ②決算書（写）（直近3ヵ年分） ③勘定科目内訳明細書（写）（直近3ヵ年分）
16	納税証明書（原本）①法人税納税額等証明用（直近3ヵ年分）
17	納税証明書（原本）②法人税所得金額証明用（直近3ヵ年分）
18	納税証明書（原本）③法人税未納額がない証明用（直近3ヵ年分）

なぜ協調融資が必要かというと、**機構から融資が下りる時期よりも、オーナーが工務店に建設費を払わなければならない時期が早い**ために、オーナーにとって資金のやりくりが困難になるからです。

そのため、機構からの融資がほぼ決まった段階で、**機構の指示する金融機関に協調融資を申込んで工事費の全額を借り**てしまい、そこから一定期日ごとに建築費を払っていくというわけです。

Step 4・5

法人設立の手続きをする

3〜4カ月目

「サ高住」による年間収入は1700万円程度になるため、給与所得と合算した場合、課税される所得金額のカテゴリが「1800万円を超え4000万円以下」となります。

すると**所得税率が40%**と著しく高くなっています。資本金1億円以下の中小法人の場合、法人税率（年800万円以下の所得金額）を19%から15%にする特別措置が、令和3年3月末までに開始の事業年度に適用されます（図17）。

また、会社で副業が禁止されている場合、所得が増えたことで会社に「サ高住」経営をしていることが見つかってしまうこともあり得ます。

その対策のために、法人を設立して所得を分散する人が少なくありません。

もし法人設立をするならこのタイミングで行いましょう。法人設立については第5章で詳しくご説明していますので、ご参照ください。

図17｜所得税率・法人税率

■ 所得税率

課税される所得金額	税 率	控除額
195万円以下	5%	0円
195万円を超え　330万円以下	10%	97,500円
330万円を超え　695万円以下	20%	427,500円
695万円を超え　900万円以下	23%	636,000円
900万円を超え　1,800万円以下	33%	1,536,000円
1,800万円を超え　4,000万円以下	40%	2,796,000円
4,000万円超	45%	4,796,000円

■ 法人税率

	所得金額	税 率
中小法人（資本金1億円以下）	年800万円以下の部分	19%（15%）
	年800万円超の部分	23.2%
中小法人以外の普通法人	所得区分なし	23.2%

Step 5

融資申し込みをする

次に「本申し込み」になりますが、このとき機構からオーナーに対して「申込が代理人から出ていますが把握していますか？」という確認の電話が入ります。これに対する返事をもって本審査ということになります。

最後に1度だけ、**機構本部の審査部の人が面談に来ます。**

とはいえ本当に形式的なもので、事前に質問内容が送られてきて、それに対して回答書を送っておいたものに対し、「あなたはこう答えていますが、これで大丈夫ですね？」と念押しをするだけという感じのものです。

また、オーナー側から出向くのではなく、必ず機構の人がやってくるのですが、だからといって「ご自宅拝見」というわけでもありません。

会う場所はオーナーの自宅マンションのエントランスだったり、近所の喫茶店だったりといろいろなようです。

この**面談が終わってから2週間ほどで「融資予約決定通知」という書面が送られてきて、事業が現実的に動き始める**という流れです。

ステップ5でのお金の流れ

土地を購入する場合、この段階で協調融資の全額が下ります。

Step 6

5カ月目

設計契約をする

建物の設計図面作成のための契約をオーナーと工務店で行います。オーナー側で書類の準備などを行う必要はありません。

ステップ6でのお金の流れ

会社によりますが手付金が必要になる場合があります。金額も一律で決められてはいませんが、一般的に100万円程度のことが多いようです。

借地でこの事業を行う場合、まだ協調融資のお金が下りていないので、**自己資金で支払う**ことになります。

Step 7

「サ高住」の登録をする

8〜9カ月目

県や市など、「サ高住」を建てるエリアの**自治体に登録をします**。具体的には運営会社と施工会社が図面を提出します。それに、次のような要素をチェックします。

- **建物の基準がクリアされているか**
- **家賃が近傍家賃と比べてかけ離れたものになっていないか**
- **入居時の契約書が入居者にとって不利なものになっていないか**
- **事業者に対して、サービス内容・人員配置**

これが通ると登録通知書が発行され、「サ高住」として認められたことになります。もし**ここで認められなかった場合は、補助金の申請をすることができません**。

そのため、「サ高住」の建築に慣れた施工会社では、こまめに自治体の担当者に図面や契約書を確認してもらい、修正指示をもらいながら建設を進めていくそうです。

Step 8

補助金の申請をする

9〜10ヵ月目半ば

自治体から「サ高住」登録通知書が届いたら、**国の外郭団体であるサ高住整備事業事務局に補助金の申請を行います。**

機構への融資申込み同様、代理人を立てることができるので、施工会社の担当者などにお願いするといいでしょう。

ここで行われるのは、**補助金の金額の決定**です。

そのため見積書を提出するわけですが、そこで大事なのが適正な見積もりが出ているかどうかということです。

「サ高住」建設にかかった費用の中に、「補助対象内」のものと「補助対象外」のものがあるので、その区別を明確にしておかなければなりません。

補助対象外となるものには、次のようなものがあります。

・設計費

・造成費
・太陽光設備費（屋根を利用して太陽光発電を行う施設が多い）
・厨房設備
・各居室のエアコン（廊下など共有部分は対象内）
・申請費
・調査費　等

補助金の申請にあたっては、工事代金の領収書や契約書の写し、見積書をつけて「完了実績報告書」を提出するのですが、かなり細かく金額的な部分を見られます。どのような工事だったのかの確認が来るのはしょっちゅうで、中には不明点について「この部分の写真を送ってください」と言われることがあるそうです。

私がお願いした施工会社の担当者の方は補助金申請に慣れた方だったので安心してお任せすることができましたが、その方によれば「補助金申請をしたことのない人、慣れていない人も多い」ということでした。

補助金は工事代金の1割を出してもらえますから、これがもらえるのともらえないのとでは大違いです。

また、施工会社内に補助金の申請ができる人がいない場合は、**外部の司法書士や行政書士に委託する**ことになるのでその分のコストが別にかかってきます。

施工会社を選ぶときは、補助金申請に慣れているかいないかもチェックするようにした方がいいでしょう。

Step 9

工事請負契約を締結する

10ヵ月目半ば

ステップ6の「設計契約をする」の解説をしましたが、最近ではそこを飛ばして設計を始め、このステップ9の**工事請負契約に契約を一本化する**ところが増えてきました。

私がお願いした施工会社でも、工事請負契約だけですませています。

詳述は避けますが、制度が変わったためです。設計を始めてから工事請負契約まで5ヵ月ほど時間がかかっていますが、それはこの間にタスクが多いためです。

設計に関しても行政によっては、パチンコ店のような特定施設のような見方をしてくるところがあるため、事前協議が必要になったり近隣説明会を開催しなければならなくなったりすることがあります。

また「サ高住」の建設地として田んぼを使うことが多く、そうなると土地の開発・造成を行う必要があり、**行政に開発申請を出さなくてはなりません。**

そんなこんなで設計開始から5～6ヵ月が経過したところでようやく工事にこぎつ

ける、ということが少なくないのです。

ちなみにもろもろの手続きは全部施工会社がやってくれます。オーナーがするのは契約書にハンコを押すだけです。

ステップ9でのお金の流れ

借地の場合、この段階で協調融資の全額が下ります。

また、**工事着手金（建設費全体の30％）の支払いが必要**になるため、オーナー自身が金融機関にて振込手続きをすることになります。

Step 10

着工

11カ月目

着工前には地鎮祭を行います。ここからいよいよ本格的に動き出します。

とはいえ、実は**オーナー自身はあまりすることがありません。**ここから先にオーナーがすることといえば、**期日までに施工会社に対して数回に分けて工事費用を振り込むくらい**です。

基本的に施工会社と運営会社に全部任せることになります。

建物の色決めや仕様関係についても、オーナーよりも運営会社の方が入居者に好まれる外装・内装・仕様をよくわかっているので、お任せしておくのが無難でしょう。

ステップ10でのお金の流れ

着工時に設計費（の残り）を支払います。

また上棟時（13ヵ月目くらい）に中間金として、**工事代金の40％の支払い**をします。

Step 11

竣工引渡し

17ヵ月目

2019年8月現在、**着工から引き渡しまで6～7ヵ月かかることが多い**ようです。東京オリンピック前だということと、消費税増税前の駆け込み需要で職人さんを確保するのがかなり大変だと聞きました。

本書が発売されるころには状況が変化しているかもしれませんが、7ヵ月くらいは見ておいた方がいいでしょう。

オーナーとして引き渡しまでにすべきことは特にありません。もし建設地が近いのであれば、**1～2回、工事の進行具合を見に行く**といいのではないでしょうか。

竣工引渡し時に施工会社からオーナーに対して鍵が渡されますが、私の場合はJPMCに一括借り上げを委託しているため、その場ですぐにJPMCに鍵を預けました。

ステップ11でのお金の流れ

竣工引渡し時に**工事代金の残金30％を支払い**ます。

Step 12

オープン

19ヵ月目

竣工引渡しからオープンまでの間は、運営会社にさまざまな業務が発生する期間です。食堂の機材の導入や、入居者向けの見学会（内覧会）の開催、働くスタッフの教育などを行い、入居者を受け入れていきます。

オーナーは、火災保険やエレベーターなどの保険加入手続きなどを行いますが、施工会社が指示してくれるので自ら保険会社を探す必要はありません。

オープン時には**オーナーとして花輪を送る**などするといいのではないでしょうか。

ここまでがＪＰＭＣを間に入れない場合の、一般的なスケジュールです。

ステップ12でのお金の流れ

オープンしてから２～３ヵ月後に補助金が支給されます。

ＪＰＭＣを入れる多くのメリット

「サ高住」投資に関わるすべてをＪＰＭＣがサポート

では次に、ＪＰＭＣを間に入れた場合の流れについて、私の経験を元にしてご説明しましょう。

ではまず、ＪＰＭＣとは何かについてお話しします。

正式名称は日本管理センター株式会社、略称ＪＰＭＣ。

ＪＰＭＣは、東京都千代田区丸の内に本社を置く資本金約４億６５００万円、従業員数１７８名（２０１９年８月現在）の、賃貸住宅経営に関わる売買や管理、保証などをトータルでサポートしている会社です。

Ｐ49でご紹介した「サ高住」投資スキームの図の中心にＪＰＭＣが入り、さまざまなサポートをしてくれます（図18）。

ＪＰＭＣではワンストップで「サ高住」経営に関するサービスを行っています。

ＪＰＭＣが間に入ることで、

①融資が通りやすくなる
②投資～経営のすべての工程を一括で依頼できる
③サブリースで25年間の家賃保証が受けられる

といった大きな３つのメリットがあります。

①融資が通りやすくなる

以前はＪＰＭＣが間に入っている場合でも融資審査がかなり厳しかったそうですが、ここ２年ほどで信頼度が上がり、「ＪＰＭＣが借り上げをするのであれば、安全性は高いだろう」と見なされて、住宅金融支援機構の審査が通りやすくなりました。

図18｜「サ高住」投資スキーム（JPMCを入れた場合）

■「サ高住」投資スキームの概要

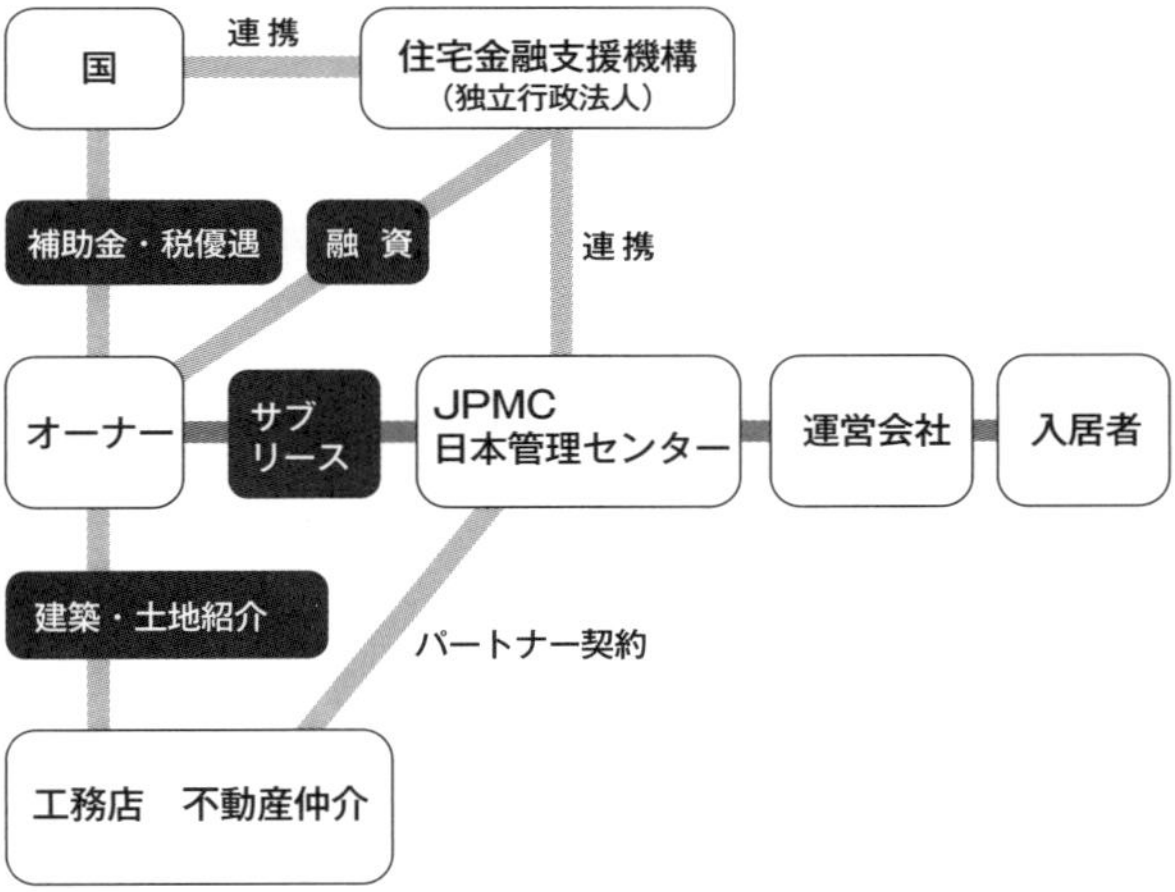

機構からすると、融資した資金を回収できないことが一番怖いことです。

しかしＪＰＭＣが入っているのであれば、事業者が破綻しても保証会社であるＪＰＭＣから資金回収は確実にできるだろうということで、融資が受けやすいのです。

②投資～経営のすべての工程を一括で依頼できる

一括で依頼できるというのは、オーナーにとって時間の節約にもなりますし、精神的にも楽なものです。

土地探しや事業者探しなど、不動産業界や福祉業界に精通している人ならともかく、素人が自分でやろうとすると時間と手間ばかりかかってしまいます。

不動産投資においては「時間」が投資効率を左右します。その点でも、プロの力を頼りにするのは理に適ったことと言えるのではないでしょうか。

③サブリースで25年間の家賃保証が受けられる

サブリースとは、**オーナーから賃貸物件を一括して借り上げて入居者に転貸すると**

ともに、**家賃保証を行う**制度のことです。

これによってオーナーは入居者の数に関わらず一定の家賃が保証され、入退去に関する手続きや家賃の集金業務などを自分で行う必要がなくなります。


オーナーにとって収入源となるのは入居者の家賃収入です。「サ高住」は賃貸物件なので、部屋に空きが出たり、事業者の経営破綻などで運営ができなくなったりするリスクがあります。


JPMCのスーパーサブリースを利用することで、これらのリスクをカバーすることができます。

スーパーサブリースの賃料収入は「保証賃料＋収益分配金」の二層構造になっており、コースによって完全保証ラインと収益分配金率が異なります（図19）。

P133からのシミュレーションでは、10年ごとの家賃見直しとなっていますが、現在のJPMCとの契約では、家賃保証開始から15年間が最初の固定期間となります。

保証家賃は満室の場合の70％、75％、80％の3種類があり、それぞれ保証家賃を上回る家賃収入があった場合のオーナー収益分配金率が決められています。

たとえば70％のコースを選んだケースで、実際には90％の家賃収入があった場合、保証部分を上回った20％の4分の3が収益分配金としてオーナーに分配されます。

私の場合は80％のコースを選んでいるので、80％を上回る家賃収入があった場合は、上回った分の2分の1が収益分配金として受け取れるというわけです。

機構の融資が通りやすいのは80％のコースを選んだ場合です。

JPMCが家賃収入の80％を保証するということが、事業の安全性と判断されるためでしょう。

なお、オープン後半年間は、家賃保証の免責期間となっています。つまりオープンしてから半年は家賃収入が入ってこないということです。

その間も機構との契約で、借りたお金の金利分の支払い義務が生じますので、その間の支払いは協調融資先による融資に頼ることになります。

図19｜JPMCのコースと保証期間

■ コース別賃料収入

コース	完全保証ライン ＋ オーナー収益分配金
スーパーサブリース70	70％完全保証 ＋ 収益分配金全体の $\frac{3}{4}$
スーパーサブリース75	75％完全保証 ＋ 収益分配金全体の $\frac{2}{3}$
スーパーサブリース80	80％完全保証 ＋ 収益分配金全体の $\frac{1}{2}$

■ 構造種別保証期間

		10年	15年	20年	25年	30年	35年
新築物件	耐火構造 (鉄筋コンクリート造・鉄骨造)	●	●	●	●	●	●
	非耐火構造 (木造、軽量鉄骨造)	●	●	●	●		
既存物件 全リフォーム	耐火構造 (鉄筋コンクリート造・鉄骨造)	●	●	●			
	非耐火構造 (木造、軽量鉄骨造)	●	●				
既存物件	全 種	●	●※	●※			

※ 既存物件全種の築5年未満は15年、築1年未満は15年・20年の保証期間も選べる

ＪＰＭＣを使う主なメリットまとめ

①**サービス提供体制**：ＪＰＭＣのパートナーとなっている運営事業者の中から、最も適切な業者を選定、紹介します。

②**マーケティング**：「サ高住」を建設するのに適した場所はどこか、周辺家賃を調査して適正な家賃についてのアドバイスを行います。

③**企画・設計支援**：事業者と施工会社に対するサービスで、「サ高住」のプランニング、実際の設計をサポートします。

④**融資サポート**：機構からのお金が下りるまでのつなぎ融資（協調融資）を受ける際、金融機関を紹介するサービスです。

　また「サ高住」経営をする人のすべてが機構からの融資を使うわけではなく、最初から民間の金融機関からの融資のみで事業を行う場合があります。そのような場合も金融機関の紹介をするサービスを行っています。

⑤**入居募集サポート**：事業者が入居者を探す際、説明会や見学会を開いたり、チラシを作ったりするのをサポートします。

事業計画書

1. 敷地条件

敷地面積： 1,099.00 ㎡ (既存 1,099.00㎡＋新規 0.00㎡)
建ぺい率： 60.00 %
容 積 率： 150.00 %

2. 建築計画

構　　造：木造
建築面積： 498.62 ㎡ (45.37 %≦ 60.00 %)
延床面積： 997.24 ㎡ (90.74 %≦ 150.00 %)

	タイプ	種別	間取り	専用面積	戸数	合計面積
専用面積	1	住宅	1Ｋ	18.00㎡ (5.45坪)	30戸	540.00㎡
	2				1戸	
	3					
	4					
	5					
	6					
	自宅					
合計					31戸	540.00㎡

駐車場　：
駐輪場等：

3. 事業予算

	項目	金額
工事費等	建物本体工事	168,200 千円
	設計監理費	3,600 千円
	太陽光発電設備	13,800 千円
	造成工事	5,000 千円
	外構工事	6,600 千円
	小計	197,000 千円
	消費税	15,760 千円
	合計	212,760 千円
初年度経費	印紙税(請負契約書、金消契約書等)	150 千円*
	登録免許税(保存登記、抵当権設定登記等)	1,218 千円*
	不動産取得税	千円
	ローン保証料	千円
	火災保険料	2,000 千円
	水道加入金等	1,500 千円
	工事期間賃料等・近隣対策等予備費	4,400 千円
	登記関係手数料	500 千円
		千円
	工事中の借入利息	894 千円
	合計	10,662 千円
土地取得費		-18,000 千円
仲介手数料		千円
予備費		578 千円
合計		206,000 千円

*印の合計 1,368千円 (初年度一括経費)

4. 資金計画

区分		借入条件	金額
借入金	住宅金融支	1～35年 1.790 %	144,200 千円
	民間金融機	1～10年 0.900 % 11～20年 1.200 % 21～35年 1.500 %	61,800 千円
			千円
	小計		206,000 千円
建設協力金			千円
敷金・保証金			千円
自己資金			千円
合計			206,000 千円

5. その他収入および経費

	項目			計算式
収入				
経費	建物維持管理費用			概算金額です。実際には維持管理業務メニュー毎にお見積もりをし算出します。
	JPMCヒカリ月額費用			別紙をご参照下さい。
	設備保障共済掛金			別紙をご参照下さい。
	建物修繕費			
	租税公課	土地	固定資産税 都市計画税 (評価額)	0円×1,099.00㎡×1/6×1.400% 0円×1,099.00㎡×1/3×0.300% 毎年一定
		建物	固定資産税 都市計画税 (評価額)	197,000千円×50%×1.400%×1/6(5年間) 197,000千円×50%×0.300% 3年毎に10%ダウン
	地代			

6. 減価償却

			金額	
建物本体		75 %	160,241 千円	定額法(22年、償却率 0.046)
附属設備		25 %	53,413 千円	定額法(15年、償却率 0.066)
繰延資産	ローン保証料		千円	
	火災保険料		2,000 千円	定額法(10年)
	水道加入金等		1,500 千円	定額法(15年)
	その他	工事費等	千円	
		初年度経費	4,900 千円	定額法(5年)
合計			222,054 千円	

(備考)

1. 仮定上の計算を含んでおりますので目安としてご覧ください。
2. ＳＳＬとはスーパーサブリースの略称です。
3. スーパーサブリースにおける免責期間は考慮しておりません。
4.
5.
6.
7.

7. タイプ別賃貸条件等

間取り	種別	家賃	共益費
1Ｋ	住宅	49,000円	
	非住宅	132,000円	

(駐車料)
(駐輪場等)

ＳＳＬ総収益 (ＳＳＬ借上保証対象部分の総収益)　(単位：円)

	家賃	共益費	駐車料	駐輪場等	合計
月額	1,470,000				1,470,000
年額	17,640,000				17,640,000

ＳＳＬ対象外収入 (ＳＳＬ借上保証対象外の収入)　(単位：円)

	家賃	共益費	駐車料	駐輪場等	合計
月額	132,000				132,000
年額	1,584,000				1,584,000

【収支予想：満室時想定】 ＳＳＬ80コース　保証期間35年

ＪＰＭＣ査定基準賃料	17,640,000 円	1,470,000円×12ヶ月
保証賃料	14,112,000 円	基準賃料×80%
収益分配金	1,764,000 円	(SSL総収益−保証賃料)×50%
SSL対象外収入	1,584,000 円	店舗等、SSLに含まれない収入

収入合計 (保証賃料+収益分配金+SSL対象外収入)　17,460,000 円
支出合計 (初年度経費を除く1年目の支出)

SSL手数料	438,177 円	
建物維持管理費用	0 円	
JPMCヒカリ月額費用(年額)	0 円	
設備保障共済掛金	0 円	
借入金返済額	7,604,748 円	
建物修繕費	400,000 円	
租税公課	525,333 円	
火災保険料(年払)	0 円	
その他	2,400,000 円	11,368,258 円

手取収入 (収入−支出)　年額　6,091,742 円
月額換算　507,645 円
表面利回り (収入÷総投資額)　8.48 %

平成 29 年 9 月 9 日

資金収支の推移表 （1～10年目）

＜SSL適用条件＞

商品選択	保証期間
○ SSL70	○ 10年
○ SSL75	○ 15年
◉ SSL80	○ 20年
	○ 25年
	○ 30年
	◉ 35年

＜SSL賃料設定＞

SSL基準賃料（月額）			
1～10年目	11～20年目	21～30年目	31～35年目
1,470,000円	1,470,000円	1,470,000円	1,470,000円

SSL総収益（募集賃料月額）			
1～10年目	11～20年目	21～30年目	31～35年目
1,470,000円	1,470,000円	1,470,000円	1,470,000円
想定収益率	想定収益率	想定収益率	想定収益率
100.00％	95.00％	90.00％	85.00％

＜SSL対象外収入＞

SSL対象外収入（月額）			
1～10年目	11～20年目	21～30年目	31～35年目
132,000円	132,000円	132,000円	132,000円
想定収益率	想定収益率	想定収益率	想定収益率
100.00％	95.00％	70.00％	50.00％

建物維持管理費用
円／月

（単位：千円）

項目		1年目	2年目	3年目	4年目	5年目	6年目	7年目	8年目	9年目	10年目	1～10年目計
SSL総収益（A）		17,640	17,640	17,640	17,640	17,640	17,640	17,640	17,640	17,640	17,640	176,400
SSL基準賃料（B）		17,640	17,640	17,640	17,640	17,640	17,640	17,640	17,640	17,640	17,640	176,400
収入	保証賃料（C）…（B）×80％	14,112	14,112	14,112	14,112	14,112	14,112	14,112	14,112	14,112	14,112	141,120
	収益分配金…｛（A-C）×50％｝	1,764	1,764	1,764	1,764	1,764	1,764	1,764	1,764	1,764	1,764	17,640
	SSL対象外収入	1,584	1,584	1,584	1,584	1,584	1,584	1,584	1,584	1,584	1,584	15,840
	収入合計……（イ）	17,460	17,460	17,460	17,460	17,460	17,460	17,460	17,460	17,460	17,460	174,600
支出	SSL手数料（料率：2.3％）	438	438	438	438	438	438	438	438	438	438	4,382
	建物維持管理費用											
	JPMCヒカリ月額費用（年額）											
	設備保障共済掛金											
	借入金返済額（元利合計）	7,605	7,605	7,605	7,605	7,605	7,605	7,605	7,605	7,605	7,605	76,047
	建物修繕費	400	400	400	400	400	400	400	400	400	400	4,000
	租税公課 土地 固定資産税											
	租税公課 土地 都市計画税											
	租税公課 建物 固定資産税	230	230	230	207	207	1,241	1,117	1,117	1,117	1,005	6,701
	租税公課 建物 都市計画税	296	296	296	266	266	266	239	239	239	215	2,618
	地代	2,400	2,400	2,400	2,400	2,400	2,400	2,400	2,400	2,400	2,400	24,000
	支出合計……（ロ）	11,368	11,368	11,368	11,316	11,316	12,350	12,199	12,199	12,199	12,064	117,748
差引：資金収支　（イ）－（ロ）		6,092	6,092	6,092	6,144	6,144	5,110	5,261	5,261	5,261	5,396	56,852

利回り	表面利回り	8.48%	8.48%	8.48%	8.48%	8.48%	8.48%	8.48%	8.48%	8.48%	8.48%	（平均） 8.48%
	実質利回り	2.96%	2.96%	2.96%	2.98%	2.98%	2.48%	2.55%	2.55%	2.55%	2.62%	（〃） 2.76%

＊仮定上の計算を含んでおりますので、おおよその目安としてご覧下さい。

資金収支の推移表（11～20年目）

＜SSL適用条件＞

商品選択	保証期間
○ SSL70	○ 10年
○ SSL75	○ 15年
◉ SSL80	○ 20年
	○ 25年
	○ 30年
	◉ 35年

＜SSL賃料設定＞

SSL基準賃料（月額）			
1～10年目	11～20年目	21～30年目	31～35年目
1, 470, 000 円	1, 470, 000 円	1, 470, 000 円	1, 470, 000 円

SSL総収益（募集賃料月額）			
1～10年目	11～20年目	21～30年目	31～35年目
1, 470, 000 円	1, 470, 000 円	1, 470, 000 円	1, 470, 000 円
想定収益率	想定収益率	想定収益率	想定収益率
100. 00 %	95. 00 %	90. 00 %	85. 00 %

＜SSL対象外収入＞

SSL対象外収入（月額）			
1～10年目	11～20年目	21～30年目	31～35年目
132, 000 円	132, 000 円	132, 000 円	132, 000 円
想定収益率	想定収益率	想定収益率	想定収益率
100. 00 %	95. 00 %	70. 00 %	50. 00 %

建物維持管理費用
円／月

（単位：千円）

項目		11年目	12年目	13年目	14年目	15年目	16年目	17年目	18年目	19年目	20年目	11～20年目計	1～20年目計
SSL総収益 (A)		16, 758	16, 758	16, 758	16, 758	16, 758	16, 758	16, 758	16, 758	16, 758	16, 758	167, 580	343, 980
SSL基準賃料 (B)		17, 640	17, 640	17, 640	17, 640	17, 640	17, 640	17, 640	17, 640	17, 640	17, 640	176, 400	352, 800
収入	保証賃料 (C) … (B) ×80％	14, 112	14, 112	14, 112	14, 112	14, 112	14, 112	14, 112	14, 112	14, 112	14, 112	141, 120	282, 240
	収益分配金… {(A-C) ×50％}	1, 323	1, 323	1, 323	1, 323	1, 323	1, 323	1, 323	1, 323	1, 323	1, 323	13, 230	30, 870
	SSL対象外収入	1, 505	1, 505	1, 505	1, 505	1, 505	1, 505	1, 505	1, 505	1, 505	1, 505	15, 048	30, 888
	収入合計…… (イ)	16, 940	16, 940	16, 940	16, 940	16, 940	16, 940	16, 940	16, 940	16, 940	16, 940	169, 398	343, 998
支出	SSL手数料 （料率：2. 3%）	438	438	438	438	438	438	438	438	438	438	4, 382	8, 764
	建物維持管理費用												
	JPMCヒカリ月額費用(年額)												
	設備保障共済掛金												
	借入金返済額（元利合計）	7, 680	7, 680	7, 680	7, 680	7, 680	7, 680	7, 680	7, 680	7, 680	7, 680	76, 801	152, 849
	建物修繕費	400	400	400	400	400	400	400	400	400	400	4, 000	8, 000
	租税公課 土地 固定資産税												
	租税公課 土地 都市計画税												
	租税公課 建物 固定資産税	1, 005	1, 005	905	905	905	814	814	814	733	733	8, 633	15, 334
	租税公課 建物 都市計画税	215	215	194	194	194	174	174	174	157	157	1, 850	4, 468
	地代	2, 400	2, 400	2, 400	2, 400	2, 400	2, 400	2, 400	2, 400	2, 400	2, 400	24, 000	48, 000
	支出合計…… (ロ)	12, 139	12, 139	12, 017	12, 017	12, 017	11, 907	11, 907	11, 907	11, 808	11, 808	119, 666	237, 414
差引：資金収支 (イ) − (ロ)		4, 801	4, 801	4, 923	4, 923	4, 923	5, 033	5, 033	5, 033	5, 132	5, 132	49, 732	106, 584

利回り		11年目	12年目	13年目	14年目	15年目	16年目	17年目	18年目	19年目	20年目	11～20年目計	1～20年目計
利回り	表面利回り	8. 22%	8. 22%	8. 22%	8. 22%	8. 22%	8. 22%	8. 22%	8. 22%	8. 22%	8. 22%	(平均) 8. 22%	(平均) 8. 35%
	実質利回り	2. 33%	2. 33%	2. 39%	2. 39%	2. 39%	2. 44%	2. 44%	2. 44%	2. 49%	2. 49%	(〃) 2. 41%	(〃) 2. 59%

*仮定上の計算を含んでおりますので、おおよその目安としてご覧下さい。

平成 29 年 9 月 9 日

資金収支の推移表　(21～30年目)

<SSL適用条件>

商品選択	保証期間
○ SSL70	○ 10年
○ SSL75	○ 15年
◉ SSL80	○ 20年
	○ 25年
	○ 30年
	◉ 35年

<SSL賃料設定>

SSL基準賃料(月額)			
1～10年目	11～20年目	21～30年目	31～35年目
1, 470, 000 円	1, 470, 000 円	1, 470, 000 円	1, 470, 000 円

SSL総収益(募集賃料月額)			
1～10年目	11～20年目	21～30年目	31～35年目
1, 470, 000 円	1, 470, 000 円	1, 470, 000 円	1, 470, 000 円
想定収益率	想定収益率	想定収益率	想定収益率
100. 00 %	95. 00 %	90. 00 %	85. 00 %

<SSL対象外収入>

SSL対象外収入(月額)			
1～10年目	11～20年目	21～30年目	31～35年目
132, 000 円	132, 000 円	132, 000 円	132, 000 円
想定収益率	想定収益率	想定収益率	想定収益率
100. 00 %	95. 00 %	70. 00 %	50. 00 %

建物維持管理費用
円／月

(単位：千円)

項目	21年目	22年目	23年目	24年目	25年目	26年目	27年目	28年目	29年目	30年目	21～30年目計	1～30年目計
SSL総収益(A)	15, 876	15, 876	15, 876	15, 876	15, 876	15, 876	15, 876	15, 876	15, 876	15, 876	158, 760	502, 740
SSL基準賃料(B)	17, 640	17, 640	17, 640	17, 640	17, 640	17, 640	17, 640	17, 640	17, 640	17, 640	176, 400	529, 200
収入　保証賃料(C)…(B)×80%	14, 112	14, 112	14, 112	14, 112	14, 112	14, 112	14, 112	14, 112	14, 112	14, 112	141, 120	423, 360
収入　収益分配金…{(A-C)×50%}	882	882	882	882	882	882	882	882	882	882	8, 820	39, 690
収入　SSL対象外収入	1, 109	1, 109	1, 109	1, 109	1, 109	1, 109	1, 109	1, 109	1, 109	1, 109	11, 088	41, 976
収入　収入合計……(イ)	16, 103	16, 103	16, 103	16, 103	16, 103	16, 103	16, 103	16, 103	16, 103	16, 103	161, 028	505, 026
支出　SSL手数料 (料率:2.3%)	438	438	438	438	438	438	438	438	438	438	4, 382	13, 145
支出　建物維持管理費用												
支出　JPMCヒカリ月額費用(年額)												
支出　設備保障共済掛金												
支出　借入金返済額(元利合計)	7, 727	7, 727	7, 727	7, 727	7, 727	7, 727	7, 727	7, 727	7, 727	7, 727	77, 273	230, 121
支出　建物修繕費	400	400	400	400	400	400	400	400	400	400	4, 000	12, 000
支出　租税公課　土地　固定資産税												
支出　租税公課　土地　都市計画税												
支出　租税公課　建物　固定資産税	733	660	660	660	594	594	594	534	534	534	6, 095	21, 429
支出　租税公課　建物　都市計画税	157	141	141	141	127	127	127	114	114	114	1, 306	5, 774
支出　地代	2, 400	2, 400	2, 400	2, 400	2, 400	2, 400	2, 400	2, 400	2, 400	2, 400	24, 000	72, 000
支出　支出合計……(ロ)	11, 855	11, 766	11, 766	11, 766	11, 686	11, 686	11, 686	11, 614	11, 614	11, 614	117, 056	354, 470
差引：資金収支　(イ)－(ロ)	4, 247	4, 336	4, 336	4, 336	4, 417	4, 417	4, 417	4, 489	4, 489	4, 489	43, 972	150, 556

利回り	21年目	22年目	23年目	24年目	25年目	26年目	27年目	28年目	29年目	30年目	21～30年目計	1～30年目計
表面利回り	7. 82%	7. 82%	7. 82%	7. 82%	7. 82%	7. 82%	7. 82%	7. 82%	7. 82%	7. 82%	(平均) 7. 82%	(平均) 8. 17%
実質利回り	2. 06%	2. 11%	2. 11%	2. 11%	2. 14%	2. 14%	2. 14%	2. 18%	2. 18%	2. 18%	(〃) 2. 13%	(〃) 2. 44%

※仮定上の計算を含んでおりますので、おおよその目安としてご覧下さい。

資金収支の推移表　(31～35年目)

＜SSL適用条件＞

商品選択	保証期間
○ SSL70	○ 10年
○ SSL75	○ 15年
◉ SSL80	○ 20年
	○ 25年
	○ 30年
	◉ 35年

＜SSL賃料設定＞

SSL基準賃料(月額)			
1～10年目	11～20年目	21～30年目	31～35年目
1, 470, 000 円	1, 470, 000 円	1, 470, 000 円	1, 470, 000 円

SSL総収益(募集賃料月額)			
1～10年目	11～20年目	21～30年目	31～35年目
1, 470, 000 円	1, 470, 000 円	1, 470, 000 円	1, 470, 000 円
想定収益率	想定収益率	想定収益率	想定収益率
100. 00 %	95. 00 %	90. 00 %	85. 00 %

＜SSL対象外収入＞

SSL対象外収入(月額)			
1～10年目	11～20年目	21～30年目	31～35年目
132, 000 円	132, 000 円	132, 000 円	132, 000 円
想定収益率	想定収益率	想定収益率	想定収益率
100. 00 %	95. 00 %	70. 00 %	50. 00 %

建物維持管理費用
円／月

(単位：千円)

項目		31年目	32年目	33年目	34年目	35年目	31～35年目計	1～35年目計
SSL総収益(A)		14, 994	14, 994	14, 994	14, 994	14, 994	74, 970	577, 710
SSL基準賃料(B)		17, 640	17, 640	17, 640	17, 640	17, 640	88, 200	617, 400
収入	保証賃料(C)…(B)×80%	14, 112	14, 112	14, 112	14, 112	14, 112	70, 560	493, 920
	収益分配金…[(A-C)×50%]	441	441	441	441	441	2, 205	41, 895
	SSL対象外収入	792	792	792	792	792	3, 960	45, 936
	収入合計……(イ)	15, 345	15, 345	15, 345	15, 345	15, 345	76, 725	581, 751
支出	SSL手数料　(料率:2. 3%)	438	438	438	438	438	2, 191	15, 336
	建物維持管理費用							
	JPMCヒカリ月額費用(年額)							
	設備保障共済掛金							
	借入金返済額(元利合計)	7, 727	7, 727	7, 727	7, 727	7, 727	38, 636	268, 758
	建物修繕費	400	400	400	400	400	2, 000	14, 000
	租税公課　土地　固定資産税							
	租税公課　土地　都市計画税							
	租税公課　建物　固定資産税	481	481	481	433	433	2, 308	23, 737
	租税公課　建物　都市計画税	103	103	103	93	93	495	6, 269
	地代	2, 400	2, 400	2, 400	2, 400	2, 400	12, 000	84, 000
	支出合計……(ロ)	11, 549	11, 549	11, 549	11, 491	11, 491	57, 630	412, 100
差引：資金収支　(イ)－(ロ)		3, 796	3, 796	3, 796	3, 854	3, 854	19, 095	169, 651

利回り		31年目	32年目	33年目	34年目	35年目	31～35年目計	1～35年目計
	表面利回り	7. 45%	7. 45%	7. 45%	7. 45%	7. 45%	(平均)　7. 45%	(平均)　8. 07%
	実質利回り	1. 84%	1. 84%	1. 84%	1. 87%	1. 87%	(〃)　1. 85%	(〃)　2. 35%

*仮定上の計算を含んでおりますので、おおよその目安としてご覧下さい。

平成 29 年 9 月 9 日

自分でやるのか、依頼するのか

信頼できる会社にワンストップで依頼することが大事

もし「サ高住」経営を一から自分でやろうとすると、依頼先が複数になり、必然的に分業体制になってしまいます。

不動産管理をしている知人からこんな話を聞いたことがあります。建築を依頼した工務店では建物の保全関係に疎かったため、雨水排水が隣地に流れる設計になっていたのだそうです。隣の人は怒って怒鳴り込んでくるは、工事費用はオーナーさんが手出しにしなくてはならないはで、余計なコストがかかってしまいました。

分業にしてしまうと「この部分については誰が責任を負うのか」という問題が出て

くるのですね。建築業者は設計事務所から言われたことをやっていただけだと言うし、設計事務所は設計事務所で「自分のところで施工をやったわけじゃないから、うちの責任ではない」と言う。

一括で全部やることができれば、そのような問題は起こりません。

ただし、あくまでも**信頼できるところに依頼する**のが前提です。こんな話も聞きました。

コンサルタントを名乗る人物に「ワンストップで全部やれるから」と言われて依頼。その人が自分で設計図を描き、紹介料をもらうのを目的に設計事務所を入れ、工務店も探してきたのですが、「サ高住」の登録や補助金など実務的なことを誰もわかっていなかったため、開業まで難航を極めたそうです。

また運営事業者もあまり質がよくなく、オープンはしたもののなかなか入居者を集めることができず、2年近く空室が多い状況が続いたのだとか。

加えて、働くスタッフが集められないということもあります。

ある地方の会社が「サ高住」を運営する事業部を作り、地元の地主さんにどんどん建てさせた時の話です。すごい出店スピードでエリアも考慮しなかった結果、必要な数のスタッフを集めることができず、結果としてあまり入居者を招き入れることもできないまま、1〜2年のうちにその会社が作った「サ高住」のすべてがつぶれてしまった例もあります。

入居者のいる施設には他の運営会社が入ったそうですが、困っているオーナーの足元を見て、もともと4万5000円の家賃だったところを3万5000円にまで下げられたそうです。

3万5000円では利益は出ないけれども、一応、ローン返済はできるということで、そこで手を打たざるを得なかったそうです。

不動産業界は魑魅魍魎《ちみもうりょう》が跋扈《ばっこ》している世界です。

私たち個人投資家よりも、業者の情報量が圧倒的に多い事実をよく認識したほうがいいでしょう。言葉は悪いですが、彼らにとって個人投資家を言いくるめるのは、赤子の手をひねるよりも簡単なことなのですから。

それだけに信頼できる人、信頼できる会社と手を組むことがとても大切なのです。

私は「サ高住」投資を教えてくれた不動産会社の方からＪＰＭＣについて教わりました。

「サ高住」投資に強い魅力を感じましたが、当時の私は建設するのにふさわしい土地を持たず、借地の心当たりもなく、さらには「サ高住」経営のノウハウもありませんでした。

そんな私にとって、土地・工務店・事業者探しから入居付けまでサポートしてもらえる存在はとてもありがたいことです。

そこでこの事業のパートナーとして、助けていただくことになったのです。

ＪＰＭＣを使った「サ高住」投資のステップ

事業スケジュールの各ステップでＪＰＭＣに助けられたこと

では、先述した事業スケジュールと照らし合わせて、ＪＰＭＣから受けられるサポートを順番に見ていきましょう。

ステップ１　土地を見つける

ここではＪＰＭＣが非常に頼りになると思います。というのも、ＪＰＭＣでは綿密なマーケティングを行い、**地区ごとに「サ高住」建設に最適な土地〜向かない土地をＡＢＣＤの４段階評価をつけたデータ**を持っているからです。

どのあたりに「サ高住」を建てるかというのは、非常に重要な要素です。

「この土地なら入居者が集まりそう」「価格が手ごろだから予算に合う」などの素人判断で行うよりも、実績のあるプロに任せた方がいいのではないでしょうか。

また私の場合、すでに所有している「サ高住」２棟はいずれも借地です。**借地の情報を素人が入手するのは非常に困難**です。

その点でも、ＪＰＭＣを活用する意味は大いにあると思っています。

ステップ２　事業計画を立てる

このステップではＪＰＭＣのパートナー企業になっている施工会社の中から、ＪＰＭＣ主導で適切な会社をピックアップし、ともに事業計画を立てていくことになります。

施工会社の中には「サ高住」の建築実績がさほど多くない会社もあるので、その場合には工務店に対してＪＰＭＣが指導・サポートを行ないます。

ステップ３　運営会社を決める

運営会社もＪＰＭＣのパートナー企業の中から、ＪＰＭＣ主導で選ぶことになります。ＪＰＭＣからパートナー企業である運営会社に「ここで出店することになりましたが、やりたい事業者さんはいますか？」と募集をかけるという形です。

複数の事業者から手が挙がった場合は、そのエリアでの実績が多い事業者をＪＰＭＣ側が判断して決定します。

ステップ4　融資打診　～　ステップ12　オープン

ステップ11の竣工引渡しまでは施工会社が、ステップ12のオープンまでは運営会社が取り仕切ってくれるので、先ほどご紹介した「ＪＰＭＣを間に入れなかった場合」と同様になります。

ＪＰＭＣ以外の選択肢を検討する

ＪＰＭＣ以外の選択肢のメリットとデメリット

私の場合はＪＰＭＣに家賃保証をしてもらうことを前提に「サ高住」経営を始めましたが、この章の最初でお話ししたように、他にも、

①建築会社の一括借り上げを利用する
②地域の優良な医療法人をはじめとする運営事業者と組んで個人で行う

というやり方もあります。

ではそれぞれのメリット・デメリットについてお話ししましょう。

①建築会社の一括借り上げを利用する

家賃保証はＪＰＭＣだけがやっているわけではありません。インターネットで〝サ高住経営〟〝家賃保証〟などのキーワードで調べてみると、他の業者の情報もたくさん出てきます。

その中には建設会社が自社で請け負った「サ高住」を一括借り上げして家賃保証をし、介護事業部門も持って運営も自社で行うというものも少なくありません。

「1社に頼んで**全部任せられる**のならその方がいい」と考える方が多いことでしょう。実際にそういう側面があるのは確かです。

また、建設会社は地場の会社が多く、その**地域の様子もよくわかっている**ので安心感もあります。これらがメリットです。

デメリットは、「1社に頼んで全部任せられる」ことと表裏一体なのですが、「一部門が倒れたら連鎖的にダメになる可能性が高い」という点にあります。

昔からある投資に関することわざに「1つのかごに全部の卵を入れてはいけない」

というものがあります。「全部1つのかごに入れてしまったら、そのかごを落としたときにすべての卵が割れてしまう。いくつかのかごに分散して入れれば、そのうちの1つを落としたとしても残りのかごの中の卵は無事だ」という意味です。

つまり、「**一極集中は危ない**」と示唆しているわけです。

建設業界は受注量の増減が起こりやすい業界です。

建設会社が主体となっている場合、本業の建設業がうまく行かなくなったとき、「サ高住」の運営事業で得た資金が本業に流れる可能性は否定できないでしょう。すると**オーナーに対する家賃保証が滞るリスク**があります。

これが建設会社の一括借り上げをすることのデメリットです。

②地域の優良な医療法人をはじめとする運営事業者と組んで個人で行う

私は優良な事業者と組んでやるのであれば、必ずしもＪＰＭＣを入れる必要はないと思っています。後ほどご説明しますが、ＪＰＭＣに一括借り上げしてもらうにはそれなりのコストがかかります。

コストがかかるのはオーナーだけではありません。**事業者側も1室あたり1ヵ月に3500円の賃料と、事務所の賃料3万円**をJPMCに支払っています。

30室の場合、月額10万5000円（室料30室分）＋3万円（事務所の賃料）＝13万5000円がかかることになります。直接契約で「サ高住」経営ができれば、オーナー、事業者双方にとってコスト的に有利になるのは確かです。

まして、事業者が地域の優良な医療法人であれば入居者も集まりやすいでしょうから、言うことがありません。

もし契約してもらえればそれだけで大きなメリットですが、それがなかなか実現しづらいというのがデメリットとなります。

そもそも優良な医療法人と組むには、信頼関係が必要になるでしょう。その信頼関係がすでに築けているのであればいざ知らず、「今から……」というのはハードルが高いと言わざるを得ないでしょう。

実現できれば素晴らしいけれども、実現性が低いというのがこのプランだと思います。

私が感じたＪＰＭＣの有益性

ＪＰＭＣに入ってもらって助かったことは多々ありますが、中でも一番大きいのは家賃保証がしてもらえることです。

私の場合は80％保証を選んだので、機構側も安心したのでしょう。融資もすぐに通りました。家賃保証のあるなしで、融資には影響があると思います。

また実際問題として事業者と直接契約をした場合、**空室があったとしても事業者はオーナーである私に家賃の全額を支払わなければなりません。**もしその状態が長く続いた場合、**事業者の持ち出し分が多くなり経営状態が悪化する**リスクがあり、引いては倒産するということにもなりかねません。

事業者にも私にもハイリスクということになります。

建設会社・事業者・保証会社を分けるメリット

ＪＰＭＣを利用したスキームでは、建設会社・事業者・保証会社が分かれており、保証会社であるＪＰＭＣがパートナー企業として建設会社や事業者を選定するというシステムになっています。

事業者が倒産ということになったときは、**パートナー企業の中の別の事業者が「控え」としてついている**というのは、とても安心感があります。

先ほどの「1つのかごに全部の卵を入れるな」のことわざで言えば、大事な「卵」をいくつものかごに分散して入れてあるので、リスクが軽減されているというイメージです。

ＪＰＭＣが倒産したら？

ＪＰＭＣは上場企業なので、情報公開がなされています。それによれば現在、およ

その100棟の「サ高住」の家賃保証をしており、90%以上の部屋が埋まっているということになっています。

この情報を信じるならば、今のところ倒産リスクは極めて低いと考えられます。

しかし、先のことはわかりません。

今現在の予想では高齢者の数は今後も増え続け、「サ高住」需要は高いと予想されますが、その予想が覆されることもあり得ます。

もし入居率が悪化してきたら家賃保証を行っているＪＰＭＣは打撃を受け、持ちこたえられなくなってくるでしょう。

しかし仮に倒産したとしても、ＪＰＭＣは海外の大きな保険会社に再保険をかけているため、オーナーが被る損害をある程度カバーすることは可能となります。

「サ高住」経営に必要なコストと手続き

JPMCにかかるコスト

「サ高住」オーナーがJPMCを利用する際のコストは、

・SSL手数料として満額家賃収入の2.3%

・収益分配金の分配金

の2つとなります。

図02（P49参照）では、保証家賃を上回る家賃収入のうちJPMCの取り分が引かれた分が「収入」として計上、JPMCに支払う手数料が**「SSL手数料」**として計上されています。

家賃保証80％、収益分配率2分の1とした場合、この実例では1年間でJPMCに対して、収益分配金176・4万円＋SSL手数料50万円＝226・4万円を支払っていることになります。

この金額を多いと見るか少ないと見るかは人それぞれということになると思います。私個人は初期費用が一切かからないという点、8割の家賃保証をしてもらうことができ、それによって融資が通りやすくなったこと、事業者を自分で見つけなくてすんだことなどを勘案すると、妥当なのではないかと感じています。

年1回の定期報告義務

「サ高住」経営においてオーナーがしなければならないことは本当に少なく、**毎月作成された明細をダウンロードして目を通す**くらいです。

強いて言えば、1年に1回、「サ高住」登録をしたサービス付き高齢者向け住宅整備事業事務所に報告する義務があるくらいです。

しかしこれも、補助金をもらうときにサービス付き高齢者向け住宅整備事業事務所から「定期報告の担当者は誰にしますか？」と聞かれるので、**他の人に頼んでやってもらうこともできます。**

ちなみに私の場合は、いつもお世話になっている施工会社の方にお願いしています。

自分で行う場合は、インターネットの定期報告サイトがありそこにアカウントを入れると、報告書のページが出てきます。そこに打ち込んだものをプリントアウトして自治体に送ることになります。

つまり、ほとんど手間はかからないということです。

それに加えて、屋根を活用して太陽光発電を行っているため、**太陽光発電の点検と報告の義務**が発生します。

点検については、「**太陽光発電システム保守点検ガイドライン**」に記載されています。

また、報告については、経済産業省の太陽光発電の電子サイトから**「設置報告」と「年1回の定期報告」を実施**することが、発電事業者の義務となっています。

「サ高住」投資の出口戦略

「サ高住」投資の出口戦略

「サ高住」経営に限らず不動産投資に関しては、そのまま持ち続けるのか、どこかの時点で売却するのか、あるいは他の施設に転用するのかなど、「出口をどうするか」を考えておくのが大切です。

所有して20年目で売ろうとしたけれども、買い手がつかずに固定資産税がかかるだけの「負動産」になってしまったなどということがあるからです。

適切なタイミングで手放すことで投資効果が最大になることもあれば、いつまでも価値が下がることなく収益を生み続けてくれる場合もあります。そのときどきの情勢を見ながら臨機応変に対応できるよう、心の準備をしておくようにしたいものです。

「サ高住」経営にあたり国から補助金を受けた場合、**10年間は「サ高住」として営業を続けなければならない**という縛りがあります。

また、**家賃保証開始から15年で家賃の見直し**があり、**25年でＪＰＭＣの一括借り上げが終了**することになっています。

つまり、**10年、15年、25年というのが大きな節目**となるため、そのときに**「どうするのか」を事前に考えておく**ようにするといいのではないでしょうか。

「サ高住」はまだ制度ができてから10年経っていないので、オーナーの中には特に先が見えにくいと感じる人が少なくないことでしょう。

だからこそよりいっそう、「出口をどうするか」に意識を向けて世の中の情勢や不動産市況に敏感になることが大切だと思います。

具体的な選択肢としては、

①そのまま持ち続ける

②売却する

③ＪＰＭＣの保証を外して事業者と直接契約する

④住宅型有料老人ホームに転換する

⑤グループホームに転用する

などがあります。

では順番にご説明しましょう。

①そのまま持ち続ける

10年、15年、25年いずれのタイミングでも、運営がうまくいっていて**コンスタントに満室に近い状態が続いているのであれば、そのまま所有し続ける**という選択が妥当だと思います。

金利の状況を見て、もし今よりも下がっていくようであれば、民間の金融機関で借り換えをして機構に一括返済するという手もあり得ます。

ローン返済の負担を早期に軽くしておけば、所有し続けることで手堅く老後資金を作ることができるでしょう。

②売却する

売却という選択ができるのは10年の節目だけ、と考えた方がいいかも知れません。というのも木造の建物は22年で減価償却するため、15年目の家賃が上がるタイミングだと償却までに7年間しかありません。**その時点でどれくらいローンが残っているかが問題**になります。

多くのローンが残っていた場合、次に購入する人が20年、30年という長期ローンが組みにくくなるため、その分、売却しにくくなります。

「サ高住」は他の物件と異なり、古くなったから値が下がって売りにくくなるということが考えにくい物件です。**築10年程度であれば買い手にとって、新築時と変わらない7%の利回りというのは魅力**でしょう。

購入時と同じ金額で売却した場合、返済が進んだ分だけ差益が生じますし、そもそも所有していた10年間の間に年間500万円×10年で5000万円前後のキャッシュが生まれています。

「それだけ稼げればよい」と思えるのであれば売却するのも1つの手です。

ただし売却してしまうと、その時点で収益がなくなってしまいます。他にいい投資先があれば乗り換えられますが、もうそのときは**「サ高住」のような大きな収益を生む物件は持てないかもしれません。**

そのあたりの判断は慎重に行うべきでしょう。

なお、もし**事業者の運営がうまくいっているようであれば、売却先の筆頭はその事業者となる可能性が高い**です。

というのも事業者にとっては、自前の建物を作って自分で運営をしたいというのが本音だからです。なぜならばオーナーがいる限り、家賃はすべてオーナーのものになり事業者には一銭も入ってきません。

しかし、建物も自分のものになれば家賃収入も手にすることができます。

売却したいのであれば、まず事業者に声をかけてみるといいでしょう。

③ＪＰＭＣの保証を外して事業者と直接契約する

これは特にどのタイミングで決断しなければならない、という性質のものではありません。

要は**事業者がしっかりしていて、ＪＰＭＣの家賃保証がなくても十分やっていける、**もしくは、言葉は悪いですが「常に満室なのにＪＰＭＣに収益分配金を取られて、全額が手にできないのは面白くない」と思ったときに決断し、事業者に打診すべきものです。

先ほどもお話ししましたが、事業者側もＪＰＭＣに賃料を支払っているので「ありがたいお申し出」であり、オーナーと事業者双方にとってメリットのある選択肢ということになるでしょう。

④住宅型有料老人ホームに転換する

補助金を受けたことによって生じる〝10年間は「サ高住」を続ける〟という縛りがなくなったら、**住宅型有料老人ホームに転換することも可能**です。

実は事業者にとっては、行政のさまざまな縛りがある「サ高住」よりも住宅型有料老人ホームの方がやりやすいという面があります。

たとえば「サ高住」の入居者は60歳以上の高齢者と決められているため、58歳の人が入居を希望した場合、基本的には入居してもらうことができません。「サ高住」の一部屋だけ「サ高住」の登録を外さなければならないなど、手間がかかるのです。

家賃を上げたい、あるいは入居者集めのためにキャンペーン期間を設け、その期間に入居した人だけ家賃を下げるサービスをしたいという場合も同様で、行政に報告しなければなりません。

ところが**住宅型有料老人ホームにはそうした縛りが一切ありません。**

住宅型有料老人ホームに転換することで、「サ高住」よりも自由な運営ができるようになります。

⑤グループホームに転用する

グループホームとは知的・精神の障がいがある人たちが集まって暮らす住宅で、現在のところ数が足りていません。

「サ高住」の出口の選択肢の1つではありますが、この選択肢を採るはＪＰＭＣが倒産して家賃保証がなくなり事業者もいなくなって、建物をこの先どう転用すればいいのかわからないという場合に限られるでしょう。

「サ高住」よりも家賃が下がるので、好んでグループホームに転用するメリットはありません。

この章では「サ高住」経営の実際についてお話ししてきました。

続く3章では、法人化についてご説明したいと思います。

第3章

プライベートカンパニーで節税対策

法人化のメリットと経営スタイル

法人化のメリット

法人化するということは、投資物件を個人ではなく、法人として購入するということです。

一般的には、不動産投資を始めたばかりの人は個人のまま物件を購入して、何棟か購入してから法人化を検討するといいと言われています。

しかし、こと**「サ高住」投資に関しては、最初から法人として投資することをお勧めします。**

それというのも、不動産投資の初心者の方がよくやるワンルームマンション投資などとは異なり、「サ高住」投資では**早い段階から大きな利益が得られるため、法人化することで大きな節税効果が得られる**からです。

P112（図17）を見てください。先にも述べましたが、たとえば年収が500万円くらいあるサラリーマンの場合、「サ高住」投資の収入1700万円が加わると、税率が1800万円を超え4000万円以下のカテゴリに属することが予想されます。すると40％もの税率が課せられることになってしまいます。

ところが法人税率は800万円を超えても23・2％にすぎません。

明らかに税金面では法人の方が有利なのです。

またこちらも繰り返しになりますが、会社に副業規定がある場合、個人のままで「サ高住」事業を行った場合、住民税の増加から会社に見つかることがよくあります。

法人化して個人の所得とは別にしておけば、そのような事態を避けることができます。

なお、**法人の代表者を配偶者にしておく**という方法もあります。

配偶者が無職で収入がない場合でも、あなた自身が連帯債務者になることで融資を受けることができます。

株式会社か合同会社か

法人化するとは、具体的には**不動産に投資して利益を上げる資産管理会社を設立すること**です。

法人の代表者となる個人が資本金を出して法人を設立し、その法人が物件を購入。金融機関からの融資は個人ではなく、法人に対して行われます。代表者は法人の融資に対して連帯保証を行うという構図です（図20）。

不動産投資会社を設立する場合、**株式会社か合同会社かを選択する**ことになります。合同会社というのは２００６年に会社法が改正された際に誕生した、新しいタイプの会社です。

社員一人から設立することができ、**社員数の制限もありません。**会社設立時および設立後の**ランニングコストが株式会社よりも安い**という特徴があります。

図20｜個人融資と法人融資

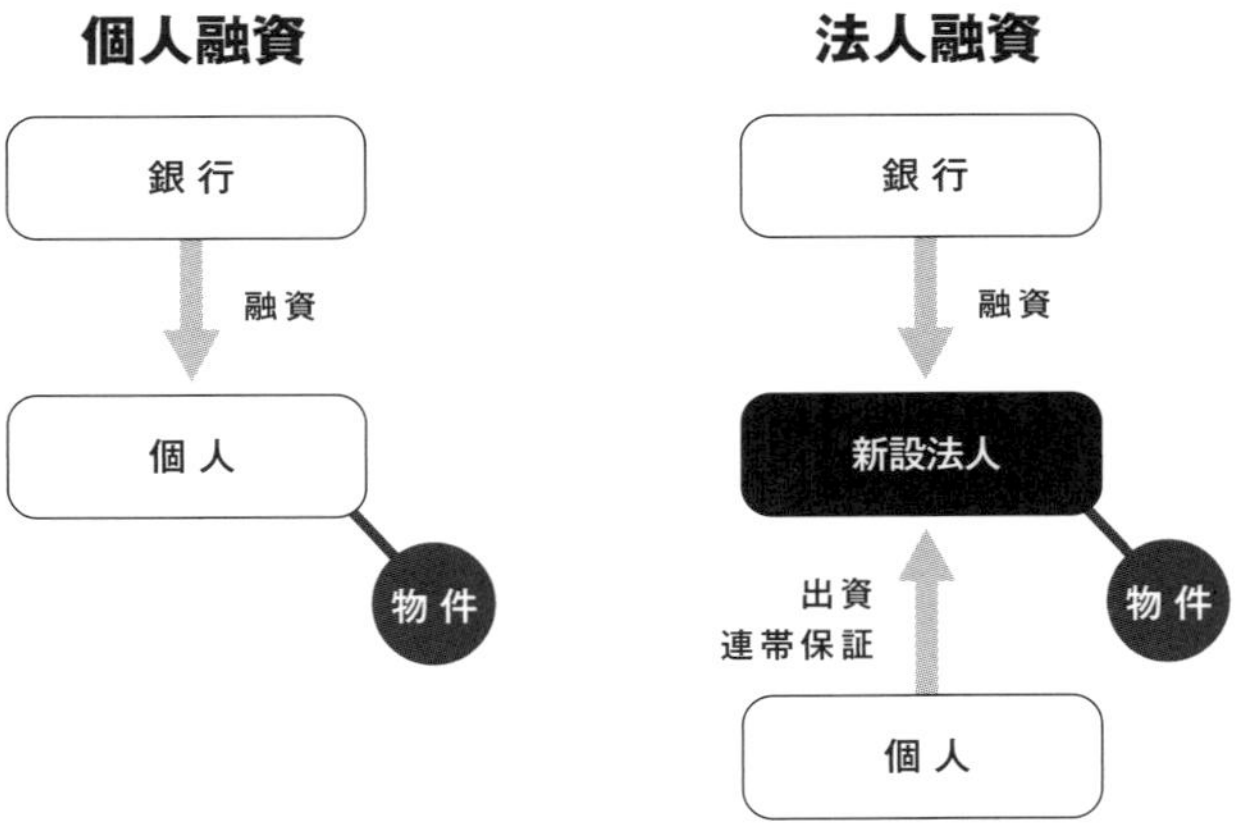

たとえば登記費用について、株式会社設立には資本金によって**登録免許税が最低15万円**かかりますが、**合同会社の場合は最低6万円**と決められていたり、**定款認証費が株式会社では5万円**かかるところ、**合同会社の場合は不要**だったりと、安価に抑えることができるのです。

ランニングコストの面で言えば、合同会社には決算公告義務がないため、**株式会社では6万円かかる官報掲載費が不要。**

また、株式会社では役員の任期が終了するたびにかかる**重任登記にかかる1万円の費用もかかりません。**

私の経営する不動産投資会社も、すべて合同会社です。

プライベートカンパニーを作る

不動産投資会社設立の手順

では、不動産投資を目的とした合同会社設立の方法や手順についてご説明しましょう。

手順は次の３つです。

①設立にあたって必要な項目を決める
②書類をそろえる
③法務局に提出する

では詳細を見ていきましょう。

①設立にあたって必要な項目を決める

・**商号**：いわゆる会社の名前を決めます

・**事業目的**：どのような事業で収益を得るのかを決めます。複数の事業目的を書くのが一般的です。事業目的を後から追加しようとすると手続きと費用負担が必要になるので、将来的に行う可能性のある事業も含めておくといいでしょう。

私の場合、**不動産賃貸業**のほか、**太陽光発電に関する事業**、後ほどご説明する消費税還付のための**金の売買**も行っているため、それも事業目的の中に入れています。

・**本店所在地**：会社の所在地についての記載ですが、「1－1－1」のようなハイフンを使った書き方はせず、「1丁目1番地1号」のような形で表記します。

・**資本金**：基本的には1円から設立可能ですが、取引先や金融機関からの信用を得るために、**最低でも10万円程度**にするのが一般的です。

②書類をそろえる

登記のために必要な書類は以下の通りです。

- 定款
- 印鑑届出書
- 社員の印鑑登録証明書
- 払込証明書
- 本店所在地決定書（定款に記載がない場合）
- 代表社員就任承諾書（定款に記載がない場合）
- 合同会社設立登記申請書（図21）
- 登録用紙と同一の用紙
- 収入印紙

・定款《ていかん》：定款とは会社組織を成立させるための規約集です。

定款には必ず記載しなけ

ればならない事項があるので、素人がゼロベースから作るのは大変です。

専門家の力を借りるか、作成ツールを利用するといいでしょう。**会社保存用と、法務局提出用の2部**作ります。

・**印鑑届出書**：合同会社の**実印を作り、印鑑届出します。**あわせて**銀行印と角印も作る**ようにします。

・**払込証明書**：資本金を払い込んだことを証明する書類です。払込先は必ずしも法人口座である必要はなく、個人口座でもかまいません。

資本金が10万円の場合、**自分の口座に10万円を振り込んで通帳のコピーを取れば証明書となります。**

・**本店所在地決定書および代表社員就任承諾書**：いずれも定款に記載がない場合に提出が必要になります。

図21｜合同会社設立登記申請書

合同会社設立登記申請書

1.商 号	○○商店合同会社
1.本 店	○県○市○町○丁目○番○号
1.登記の事由	設立の手続終了
1.登記すべき事項	別紙のとおりの内容をオンラインにより提出済み
1.課税標準金額	金○○○万円
1.登録免許税	金60,000円
1.添付書類	添付書類

定款 1通

代表社員,本店所在地及び資本金を決定したことを証する書面	1通
代表社員の就任承諾書	1通
払込みがあったことを証する書面	1通
資本金の額の計上に関する代表社員の証明書	1通
委任状	1通

上記のとおり登記の申請をします。

令和 ○ 年 ○ 月 ○ 日

○県○市○町○丁目○番○号
申請人　　○○商店合同会社

○県○市○町○丁目○番○
代表社員　個人名

○県○市○町○丁目○番○号
上記代理人 ○○○○　印

連絡先の電話番号
00-0000-0000

○○法務局 ○○支 局 御中

・**合同会社設立登記申請書**：左用紙と合わせて提出するものです。

・**登記用紙と同一の用紙**：合同会社設立登録申請書と同様の内容をOCR用紙という専用の用紙に記入するか、CD－R等で提出します。その場合は法務局の次のページを参考にしてください。

http://www.moj.go.jp/MINJI/MINJI50/minji50.html

・**収入印紙**：法務局で収入印紙を購入します。**資本金の額の1000分の7（857万1428円）未満の場合は、一律6万円**になります。

③法務局に提出する

法務局に関係書類を提出してからおよそ1～2週間程度で、会社設立となります。

これらの手続きは自分で行うこともできますが、あまり時間が取れないような場合は司法書士に依頼するといいでしょう。

法人化すれば消費税が取り戻せてきたが……

法人化のもう1つのメリットとして、「サ高住」の**建物を購入（建築）した際に支払った消費税の還付ができる**という点が挙げられます。

たとえば建物が1億6000万円だったとした場合、そのうち消費税の額は1000万円程度です。

現在の税制では、この分の還付を受けることができる仕組みになっています。

家賃収入は非課税なので、**通常は消費税の申告は必要ありません。**

しかし、オーナーは建物の建築費として消費税を支払っているのでその還付を受けたい場合に、届け出をして、あえて**消費税の課税事業者となる必要があります。**

そこでよく使われるのが、売買時に課税される「金」を使う方法です。

消費税の還付額は、売り上げに占める課税売上の割合に応じて決まります。

つまりこの場合で言うと、法人の売上に占める課税売上の割合が95％以上なら、支払った消費税の全額、すなわち1000万円全額の還付を受けることができます。

しかし、これで「消費税分が取り戻せた！　万々歳！」とはなりません。消費税法上、不動産を取得した後、3年後に課税売上割合が低下してきた場合、「消費税を取り戻すためだけに、一時的に金の売買をして課税売上を立てた」（＝ズルをした）と見なされて、還付された消費税を再度支払わなくてはなりません。

そこで独自のスキームを使う必要があるのですが、ここで詳述するのは複雑になりすぎるため省略させてください。

詳しいことを知りたい方は、インターネットで**「不動産投資　消費税還付」**等のキーワードで調べてみてください。

なお、消費税分を取り戻せるというのは不動産投資を行う者にとって、非常にありがたいことですが、2019年12月の与党税制大綱の決定により、**このスキームが使えなくなるとも言われています。**